URSULA CABERTA
Schwarzbuch Scientology

Buch

Öffentliche Auftritte des Schauspielers und Scientologen Tom Cruise, Nach-
hilfeinstitute, hinter denen die Organisation steckt – Scientology ist aktiv wie
nie zuvor. Und umstritten wie lange nicht mehr. Allenthalben wird diskutiert,
ob es sich um eine Religionsgemeinschaft oder eine totalitäre Psychoorganisation handelt und ob sie verboten werden sollte – bislang ohne Ergebnis. Ursula Caberta, Scientology-Beauftragte des Hamburger Senats und seit mehr
als 20 Jahren eine kritische Beobachterin der Sekte, will auf den Ausgang der
Debatte nicht warten und mit dem »Schwarzbuch Scientology« die Fakten
über Scientology für alle zugänglich machen. Sie informiert umfassend über
Entstehungsgeschichte, Menschenbild, Rekrutierungsmethoden, Kontroll-
und Strafsysteme und Ausbildung der Mitglieder der Organisation. Anhand
zahlreicher Beispiele zeigt sie, was falsche Propheten anrichten können. Vor
allem auf die Gefahren für Kinder und Jugendliche macht die Scientology-Ex-
pertin aufmerksam, mit zahlreichen Praxis-Tipps für Eltern und Pädagogen,
Probleme zu erkennen und Lösungen zu erarbeiten.
Mit diesem Buch trifft Ursula Caberta mitten ins Herz der umstrittenen Organisation. Scientology hatte versucht, mit Hilfe verschiedener Unterlas-
sungsaufforderungen an den Verlag und die Autorin die Auslieferung des
Schwarzbuchs zu stoppen – ohne Erfolg.

Autorin

Ursula Caberta, geboren 1950, Diplom-Volkswirtin, leitet die Arbeitsgruppe
Scientology bei der Behörde für Inneres in Hamburg, die als oberste Landes-
jugendbehörde für Kinder und Jugendliche aus neureligiösen und ideologischen Gemeinschaften und Psychogruppen fungiert.

Ursula Caberta

Schwarzbuch Scientology

Mit einem Vorwort
von Günther Beckstein

GOLDMANN

Verlagsgruppe Random House FSC-DEU-0100
Das für dieses Buch verwendete FSC-zertifizierte Papier
München Super liefert Mochenwangen.

1. Auflage
Taschenbuchausgabe Januar 2009
Wilhelm Goldmann Verlag, München,
in der Verlagsgruppe Random House GmbH
Copyright © der Originalausgabe 2007
by Gütersloher Verlagshaus, Gütersloh,
in der Verlagsgruppe Random House GmbH
Umschlaggestaltung: Design Team München
KF · Herstellung: Str.
Druck und Bindung: GGP Media GmbH, Pößneck
Printed in Germany
ISBN: 978-3-442-15546-0

www.goldmann-verlag.de

Inhalt

Vorwort (Günther Beckstein) 7

Einleitung 9
Begegnungen mit dem System Scientology 11

Wie alles begann 23

Alles Kirche, alles religiöse Überzeugung? 35

Vom irdischen Wesen zum Scientologen 49
Thetane in kleinen und großen Körpern 49
Im Sinne aller Dynamiken handeln 56
Wir haben dich lieber tot als unfähig 60

Von Krankheit, Tod
und den erkannten bösen Mächten 75
Reinwaschung nach Hubbard 75
Der Thetan verlässt den Körper 83
Kampf den Drogen 90
Kampf der Psychiatrie 97

Einflugschneise Wirtschaft 111
Ethik in die Geschäftswelt bringen 114
Im Leben erfolgreich sein 120
Das Ende eines Zuverdienstes 127

Weiterbildung im WISE-Unternehmen. 130
Ein Wog bekommt kein Geld 139
Kein Schulabschluss – macht nichts. 143

Aufwachsen in der Parallelwelt Scientology 145
Happy Kids«? 151
Das scientologische Bildungsangebot. 156
Umzug nach Dänemark
und andere familiäre Katastrophen. 169

Die Sea-Org 183
Der Drill für die Elite. 183
Von Schiffen und Platzmangel.
Was sind eigentlich Kinder? 192
Strafe muss sein 198

Die Funktion von Prominenten
in und für Scientology 207

Der lange Weg zurück in die reale Welt. 219

Die juristische und politische Diskussion. 233

Literaturverzeichnis. 251

Internetquellen 253

Vorwort

Die Scientology-Organisation ist keine Religionsgemeinschaft. Ihre Lehre ist auch keine Wissenschaft, auch wenn der Begriff »science« im Namen verbrämt durchscheinen möchte. Sie ist vielmehr eine auf einem bisweilen wahnhaften Gedankenkonstrukt eines amerikanischen Science-Fiction Autors zurückgehende menschenverachtete Psycho-Ideologie, die eine totalitäre Gesellschaft aus gefügigen Anhängern fordert. Ihr Ziel ist die völlige Unterordnung des Einzelnen. Menschen und Grundrechte sind diesem Denken fremd, was der Scientology-Gründer Hubbard in schonungsloser Offenheit bereits 1957 in seinem – diesen Titel aber zu Unrecht tragenden – »Handbuch des Rechts« lobte. Das Ziel hat sich seitdem nicht geändert, nur die Methoden, wie man sich der Öffentlichkeit präsentiert. Die Organisation will den Eindruck einer harmlosen Religionsgemeinschaft erwecken, die sich um das Beste des Einzelnen bemüht. Verstärkt bietet man vermeintliche Lebenshilfe an, von schulischer Nachhilfe bis hin zu Management-Seminaren. Und dies unter den offensichtlich wohlwollenden Blicken einzelner Hollywood-Stars – (Film-)»Helden«, die man sich doch besser nicht zum Vorbild nehmen sollte.

Die Scientology-Organisation wird zu Recht vom Verfassungsschutz beobachtet, da sie verfassungsfeindliche Bestre-

bungen verfolgt und damit gegen unsere freiheitliche demokratische Grundordnung gerichtet ist. Sie ist aber nicht nur
eine Gefahr für unser ganzes Gesellschaftssystem, sondern
auch für jeden Einzelnen, der in ihre Fänge zu geraten droht. Er
soll durch die von der Scientology-Organisation eingesetzten
Psycho-Methoden zu einem anderen Menschen werden. Aussteiger und Verwandte von Scientologen bestätigen, dass die
Methoden wirken und sich die Persönlichkeit massiv ändert.

Wer auf die Gefahren, die von der Scientology-Organisation ausgehen, hinweist oder sich gar von ihr löst, gerät un-
weigerlich in das Visier dieser Organisation. Kritiker werden
diffamiert, öffentlich bloßgestellt, angezeigt und verklagt,
bisweilen bedroht, belästigt und zur Zermürbung auch psychisch gequält, so die Erkenntnisse des Bayerischen Landesamtes für Verfassungsschutz im Verfassungsschutzbericht
2006. Ausdruck der Wertschätzung für eine offene, die Rechte des Einzelnen wahrende Gesellschaft ist das nicht – auch
nicht für einen toleranten Umgang mit Andersdenkenden.

Es gibt also gute Gründe, wachsam zu sein und über die
Scientology-Organisation aufzuklären. Die Autorin, die die
Scientology-Organisation aus ihrer Tätigkeit als Leiterin der
Arbeitsgruppe Scientology in der Behörde für Inneres der
Freien und Hansestadt Hamburg seit Jahren bestens kennt,
ist hierzu geradezu prädestiniert. Ihr Bericht leistet einen
wichtigen Beitrag zur Information der Öffentlichkeit. Ich
wünsche ihm größtmöglichen Erfolg – und aufmerksame,
nachdenkliche Leser.

Im April 2007   Dr. Günther Beckstein
                         Bayerischer Staatsminister des Innern, a. D.

Einleitung

Scientology – ein Begriff, der seit über 50 Jahren weltweit mal mehr, mal weniger diskutiert wird. Ob in den USA, Kanada, Australien oder Europa, Scientology hat jedes Land schon einmal beschäftigt. Medien, Parlamente, Behörden und Regierungen, die Auseinandersetzungen waren und sind vielfältig. Das System Scientology hat bisher alle kritischen Auseinandersetzungen überlebt, und das hat Gründe.

Darstellungen von ehemaligen Mitgliedern der Organisation weltweit, die häufig den subjektiven Blickwinkel beleuchten und das Wirken der Organisation intern und extern beschreiben, haben je nach Intensität des Erlebten immer wieder Anstöße gegeben, sich mit dem »Innenleben« dieser Organisation zu beschäftigen. Von den Auswirkungen in Familien, Arbeitswelt und Gesellschaft und damit in die Politik sind die Berichte der Ehemaligen in das von außen nicht leicht erkennbare Gesamtgeflecht der Organisation einzuordnen.

Die öffentliche Diskussion ist sehr häufig durch Schlagworte geprägt. Von so genannter »Sekte«, destruktivem Kult, Mafiaorganisation oder menschenverachtendem System ist die Rede. Über all diese Begriffe kann man trefflich diskutieren, aber die Interpretation bleibt der Phantasie des/der

Lesenden überlassen. Dieses macht es den Strategen der Scientology-Organisation leicht, Kritik abzuwehren, die Schlagworte vermeintlich zu entkräften. Scientology hat einen langen Atem, und in den internen Anweisungen ist nicht vorgesehen, jemals aufzugeben. Die Organisation hat seit ihrem Bestehen stets auf Kritik reagiert. Eine der erfolgreichsten Gegenstrategien ist die immer wiederkehrende Behauptung, es handele sich um eine Religionsgemeinschaft und – häufig im gleichen Atemzug –, um eine Organisation, die sich um das Wohlergehen der Menschheit kümmert.

Nur der genaue Blick in die einzelnen Einheiten von Scientology, die verschiedenen Aufträge und Funktionen dieser Abteilungen und der in ihnen wirkenden Mitglieder machen die Gefahr deutlich: für Mensch und Gesellschaft.

Eine Beschreibung des Systems allein genügt allerdings nicht. Eine der immer wiederkehrenden Fragen seit Existenz von Scientology ist: Warum sind Menschen Scientologen, und warum bleiben sie es über Jahre und Jahrzehnte, und viele, wenn nicht sogar die meisten, ein ganzes Leben lang? Nur das Zusammenführen der Methoden, denen die Scientologen ausgesetzt sind, und die Gesamtstrategie können erklären, warum das System Scientology mal besser, mal schlechter funktioniert. Aber es funktioniert – nach wie vor.

Scientology begegnet man in den verschiedensten Gewändern. Zu unterscheiden ist allerdings, dass ein aktiver Scientologe die Organisation anders erlebt als die Außenwelt und diese den aktiven Scientologen häufig wie nicht aus dieser Welt stammend – manchmal als »spinnert« einordnet. Von außen betrachtet stuft man dann aber das Agieren für das System Scientology und damit das System selbst bei näherer Kenntnis relativ schnell als bedrohlich und kalt ein. Allerdings nur dann, wenn die Werbe- und Verharmlosungsstrategien durchschaut werden. Denn Scientology ist ein in sich geschlossenes System, eine Parallelwelt mit eigenen Gesetzen.

Begegnungen mit dem System Scientology

Eine der häufigsten Erklärungen, warum Menschen, die mit Scientology in Berührung kommen und dort bleiben, lautet: Labile oder sich in einer Krisensituation befindliche Menschen sind besonders anfällig für die Anwerbung durch Scientology. Diese Erklärung greift zu kurz. Denn dieses allein kann nicht eine häufig jahre- oder sogar jahrzehntelange Mitgliedschaft begründen und schon gar nicht erklären, warum es nur einer Minderheit gelingt, sich von Scientology irgendwann zu lösen. Grundlage der Erkenntnis der persönlichen und gesellschaftlichen Gefahr durch Scientology ist: Scientology kann jeden treffen, es kommt darauf an, wann und wie man ihr begegnet, und auch nicht unbedeutend – durch wen.

Die nach außen sichtbarste Variante ist das Auftreten der Scientology in Form der Missionen oder Kirchen. Interessant dabei ist bereits, dass innerhalb der Organisation diese Einheiten – also die Kirchen – als »Orgs«, der Abkürzung für Organisation, bezeichnet werden. Der Kirchenbegriff steht allerdings an den Gebäuden in großen Lettern. Die Einheiten haben einen klar umschriebenen Auftrag: das »Raw Meat«

von der Straße zu holen. »Raw Meat« – rohes Fleisch, so werden intern diejenigen bezeichnet, die angeworben werden sollen. Auf der Straße, im Kollegenkreis, in der Familie, in Vereinen oder anderen Institutionen. Insbesondere für die Straßenwerbung sind die »Orgs« oder Missionen zuständig. Ziel ist, durch Ansprache von Passanten die Menschen in die Gebäude zu locken. »Jegliche Idee, dass eine Org aus irgendeinem anderen Grund existiert als dem, Materialien und Dienstleistungen an die Öffentlichkeit zu verkaufen und zu liefern, muss verworfen werden«, so eine der verbindlichen Anweisungen des Gründers L. Ron Hubbard an diese Abteilungen der Organisation.

Die Präsentation im öffentlichen Raum, auf Straßen, Wegen und Plätzen ist zwar unterschiedlich, der Sinn und Zweck aber immer gleich: durch Ansprache neugierig machen auf eine Idee, auf sich selbst oder auf die Möglichkeit der Lösung gesellschaftlicher Probleme. Alle, die sich darauf einlassen, berichten von den gleichen Erfahrungen. Es bleibt nicht bei einem Gespräch. Um mehr zu erfahren, ist ein weiteres Einlassen notwendig. Das kann das Ansehen eines Filmes im Gebäude sein, die Demonstration von Techniken zur Bewältigung von Problemen oder meistens, bei besonders eiligen Menschen, die Übergabe oder der Verkauf einer kleinen Broschüre; nicht selten wird dieses mit der Einladung zu einem »zwanglosen« Brunch in den Gebäuden der Organisation verbunden.

Bei den »Besuchen« in den Gebäuden kommt dann häufig sozusagen einer der Klassiker der Anwerbung zum Einsatz, der Persönlichkeitstest. Bekannt geworden als Werbemethode für die Organisation ist dieser Test vor allem auch durch geschaltete Anzeigen in Zeitungen und Zeitschriften. »Wir nutzen nur 10% unseres geistigen Potentials«, verkündeten die Annoncen, darüber ein Bild von Einstein. In den letzten Jahren sind diese Anzeigen eher selten geworden, den Test aber gibt es natürlich noch immer, und er wird angewandt. Die Überschrift ist schon, vorsichtig ausgedrückt, eine Ungenauigkeit: Oxford Capacity Analyse. Die meisten Menschen bringen bei dieser Überschrift wahrscheinlich die renommierte Universität in Oxford mit diesem Test in Verbindung. Es soll einen vermeintlich wissenschaftlichen Hintergrund vermitteln und darüber hinaus Seriosität. Es ist aber nichts anderes als ein Werbemittel. Die Auswertung des Tests erfolgt meistens mündlich, kurz und knapp, und endet in der Regel damit, dass festgestellt wird, dass die getestete Person ein Problem hat, vielleicht auch mehrere. Auf jeden Fall gibt es – so die vermittelte Botschaft – eine Lösung: das Kurssystem und – wie praktisch –, man befindet sich schon im Gebäude, in dem dieses Wunder vollbracht werden kann.

Hängt das »rohe Fleisch« sozusagen am Fleischerhaken, hat also durch Sprache und Gesten, meistens auch durch Hinterlassen von Namen, Anschrift und Telefonnummer oder sogar durch Besuch im Gebäude und Absolvieren des Persönlichkeitstestes schon einmal Spuren hinterlassen, bedarf es schon einer gehörigen Portion Klarheit und Konsequenz, um die nun folgenden weiteren Umwerbungsmethoden abzuwehren. Nicht selten werden bereits bei der ersten Kontaktaufnahme dieser Art Kurse gebucht und meistens auch im Voraus bezahlt. Da mag es dann auch schon einmal vorgekommen sein, dass der scientologische Mitarbeiter den Neuzugang zum Geldautomaten begleitet, wahrscheinlich um zu verhindern, dass sich derjenige auf diesem Weg das Ganze noch einmal überlegt und womöglich wieder abspringt. Spätestens dann hängt man fest. Schließlich möchte man für sein Geld auch etwas haben, und vielleicht lockt ja viele die Aussicht auf der angebotenen und so genannten Brücke zur völligen Freiheit, endlich im Beruf Karriere zu machen, ihre Eheprobleme zu lösen oder auch gesundheitliche Einschränkungen beheben zu können.

Nicht gleich bei der Straßenwerbung zu erkennen sind die Vereinigungen »I HELP« oder »The Way to Happiness«. Immerhin ist bei den verteilten kleinen Broschüren oder Heftchen, insbesondere bei dem Weg zum Glücklichsein, vermerkt, dass es sich um eine Veröffentlichung der Scientology Organisation handelt.

»I HELP« kommt mit den so genannten »Ehrenamtlichen Geistlichen« daher. Bei den an die Außenwelt gerichteten Veröffentlichungen nennt sich diese Vereinigung »Hubbard Internationale Kirchenvereinigung von Pastoren«.

In der Organisation sind diese »Geistlichen« die »Auditoren«, also diejenigen, die neben der Brücke für die persönliche geistige Befreiung die Ausbildung zur Anwendung und Verbreitung der scientologischen Techniken genossen haben.

Wenn möglich, kündigen große gelbe Zelte die Werbeaktionen von »I HELP« in den Städten an. Von der internationalen Ebene aus Los Angeles werden diese Werbekampagnen geplant und gesteuert. »I HELP« betreut die so bezeichneten »Feldauditoren«. Also Personen, die nicht zwingend Mitarbeiter der örtlichen Missionen oder Orgs sind. Als Feldmitarbeiter wird man natürlich geschult, was die Anwerbung von Personen und die Verbreitung der Scientology erheblich erleichtern dürfte. In der Veröffentlichung der Organisation mit dem Titel »Was ist Scientology« liest es sich so:

> Die kontinentalen Büros von I HELP wiederum halten lokale Veranstaltungen, Tagungen und Seminare ab, bei denen Mitglieder von I HELP spezielle Workshops zur Verbesserung ihrer Fähigkeiten besuchen können.

Der Auftrag an die bei »I HELP« tätigen Scientologen ist sehr klar formuliert:

> I HELP gibt jedem, der außerhalb der Kirchen und Missionen Dianetik und Scientology praktiziert, Rat und Beistand, damit er in seiner Gemeinde wirksam und erfolgreich sein kann.

Wirksam und erfolgreich in eine ausschließliche Richtung: für die Expansion der Scientology-Organisation.

Auf den Straßen werden auch andere Institutionen der Organisation beworben. Meistens im Zusammenhang mit Anti-Drogen-Kampagnen wird eine scientologische Drogenrehabilitation angepriesen: NARCONON. Die Organisation rühmt sich damit, dass die Sprecherin auf internationaler Ebene für NARCONON die US-amerikanische Filmschauspielerin Kirstie Alley ist. Prominente im Einsatz für eine gute Sache – Kirstie Alley ist bekennendes Mitglied der Organisation und erfüllt mit der Sprecherrolle ihre Aufgabe. Das sollte man wissen, wenn man ihr Engagement gegen Drogen zur Kenntnis nehmen muss.

Das NARCONON-Programm für Süchtige unterscheidet

sich in keinem wesentlichen Punkt von dem Weg zur völligen Freiheit in einer Scientology-»Kirche«. Ebenso wie das angeworbene »Raw Meat« auf der Straße kommen Kommunikationstraining, der Kurs zur persönlichen Integrität und Ethik, der Kurs über das Auf und Ab im Leben sowie der von der Scientology so benannte Moralkode »Der Weg zum Glücklichsein« auf den im Haus von NARCONON lebenden suchtkranken Menschen zu. Selbstverständlich steht im Mittelpunkt das Reinigungsprogramm, also wie in der »Kirche«: Laufen, hohe Dosen von Vitaminen und Sauna, Sauna, Sauna. Statt Heroin Scientology, das ist das Drogenrehabilitationsprogramm.

In der Kritik stand und steht NARCONON immer mal wieder in den unterschiedlichsten Ländern. Schon 1978 fasste der damalige Drogenbeauftragte des Landes Berlin in einer Publikation zu NARCONON Folgendes zusammen:

In erster Linie müssen Bedenken gegen die beim Narconon e. V. angewandten Methoden erhoben werden. Durch die Anwendung des »Hubbard-Elektrometers« kann einerseits die bei Drogenabhängigen ohnehin vorhandene Tendenz zur Flucht in eine unrealistische Vorstellungs- und Erlebniswelt gefördert werden, andererseits eine massive Abhängigkeit der Drogenabhängigen von der Einrichtung auf Dauer entstehen. Durch das Kurssystem wird eine Ausblendung von Emotionen ohne wirkliche Aufarbeitung der dahinterliegenden Konflikte erreicht, zugleich besteht die Gefahr einer irrationalen Anpassung an die hausinterne Hierarchie sowie eines ebenso irrationalen Überlegenheitsgefühls gegenüber den Menschen außerhalb des Narconon e. V. Das systematische Training einer Binnensprache

verstärkt die Abhängigkeit von der Gruppe erheblich und behindert eine gesellschaftliche Reintegration.

(Freie und Hansestadt Hamburg [Hrsg.]: »Mitteilung des Senates an die
Bürgerschaft der Freien und Hansestadt Hamburg«. Drucksache 15/4059,
26.9.1995)

Ein werbewirksamer Slogan findet sich auch bei der Werbung von Mensch zu Mensch: Die Schaffung einer Welt ohne
Kriminalität. Auch hier eine Institution der Organisation,
die Hilfe schafft: CRIMINON. Der Ansatz zur Vermarktung
und Anwerbung für diese Institution ist vergleichbar mit
der NARCONON-Darstellung. Auch hier ist einer der zentralen Begriffe der Kampf gegen Drogen. Denn laut eigenen
Bekundungen von Scientology hat sich dieses so genannte
Rehabilitationsprogramm für Strafgefangene aus dem Angebot von NARCONON heraus entwickelt. Drogen im scientologischen Sinne, also Medikamente aller Art, befördern
die Kriminalität. Bekämpft man Drogen, verringert sich die
Kriminalität. So schlicht kann der Blick auf die Welt sein.

Es spielt aber noch ein anderer Ansatz bei den Beschrei-
bungen der Zielrichtung von CRIMINON eine Rolle, und
dieser ist für das Gesamtsystem eine der zentralen Definitionen: das Angebot scientologischer Betreuung für Straf-
fällige statt einer Behandlung mit Psychopharmaka. Wobei
wie selbstverständlich davon ausgegangen wird, dass überall Strafgefangene mit Psychopharmaka behandelt werden.

Bei der Beschreibung der scientologischen Hilfsangebo-
te im CRIMINON-Programm taucht dann wieder dieselbe
Palette vom Kommunikationskurs bis zur Verbesserung des
Lernens auf. Aber auch der Kurs, wie man mit »Unterdrü-

ckung« umgeht. Und dieses hat in der Scientology eine nicht zu unterschätzende Bedeutung.

Den so genannten PTS/SP-Kurs (PTS = Potential-Trouble Source, potentielle Schwierigkeitsquelle; SP = Suppressive Person, unterdrückerische Person) macht meistens relativ früh jeder Mensch, der sich in der Organisation bewegt. Und das dort Gelernte und Verinnerlichte vermittelt die Basis für das Erkennen von Gegnern und Feinden. Dem Einzelnen wird vermittelt, er müsse für sich erkennen, wer ihn eventuell daran hindert, seinen Weg zur persönlichen Freiheit in Scientology zügig voranzugehen. Vermittelt wird aber darüber hinaus auch, dass alle, die sich kritisch mit Scientology oder dem Wirken von Scientologen auseinandersetzen, unterdrückerisch tätig sind. Unterdrückerisch als Begriff für Hindernisse der Expansion der Organisation. Damit ist für den Einzelnen eventuell die Trennung von seiner Familie nötig, die mit dem Weg in der Organisation nicht einverstanden ist, aber im Kursmaterial wird auch deutlich gemacht, wer scientologische Verfolgung und Strafe zu erwarten hat. Unterdrückerische Behandlung ist gleichgesetzt mit scientologischen Straftaten. Und darunter fallen laut Kursmaterial zum Beispiel öffentliche Äußerungen gegen Scientology, vor staatlichen oder öffentlichen Untersuchungen der Scientology feindlich Zeugnis abzulegen, um die Scientology zu unterdrücken, im Dienst einer Anti-Scientology-Gruppe zu stehen und schlussendlich:

Es ist ein Schwerverbrechen, sich öffentlich von Scientology abzukehren.

(Hubbard, L. Ron: »PTS/SP-Kurs«. Kopenhagen, 1989, S. 173ff.)

Auf dieser ideologischen Grundlage hat Hubbard in seinem »Handbuch des Rechts« deutlich formuliert, was für eine Definition von Recht in Scientology gilt und damit die Scientologen zu verinnerlichen haben. Es geht einzig und allein darum, Menschen zu erkennen, die der Verbreitung der Organisation im Wege stehen, und dafür zu sorgen, dass sie ihre Aktivitäten einstellen.

Das »Handbuch des Rechts« von Hubbard fasst den Generalanspruch zusammen:

Niemand unter uns richtet oder bestraft gerne. Trotzdem sind wir vielleicht die einzigen Leute auf der Erde mit einem Recht zu bestrafen.

In Kenntnis der Definition von Straftaten der Organisation ist wohl kaum davon auszugehen, dass Scientology auch nur vom Ansatz her in irgendeiner Form Rehabilitation von Gefängnisinsassen leisten kann. Für die nichtscientologische Welt allerdings klingt es nach Engagement im Strafvollzug, und damit ist die nächste der Propaganda dienliche Nebelkerze in der Welt gezündet.

Mit Ausstellungen und Info-Tischen wird der angebliche Kampf wegen Verstößen gegen die Menschenrechte, insbesondere durch die Psychiatrie, angeprangert und damit gleichzeitig das »Rettungsangebot« der Organisation offeriert. Die Institution, die auftritt, ist die Kommission für Verstöße der Menschenrechte in der Psychiatrie (KVPM).

Ziel nach eigenen Angaben ist die »Demaskierung der Psychiatrie«. So sehen sich alle im Psychiatriebereich tätigen Menschen den verbalen Angriffen dieses Teiles von

Scientology ausgesetzt. Nicht nur die Menschen, sondern selbstverständlich auch die zugelassenen Medikamente, die im psychiatrischen Bereich angewandt werden, sind Zielscheibe. Unter dem Stichwort »Psychiatrische Drogen« werden die Hersteller von Psychopharmaka quasi als Drogenhändler diffamiert. Bei der Vermittlung der psychiatrischen »Verbrechen« aus Sicht der Organisation wird tief in die »demagogische, verleumderische Kiste« gegriffen.

Zusammenfassend kann es so beschrieben werden: Hinter dem Bösen der Welt stecken immer die Psychiatrie und ihre Gefolgsleute.

Die Erklärung für diesen massiven Kampf gegen Psychiatrie und allem, was damit zu tun hat, liegt – wie kann es anders sein – in der von Hubbard entwickelten Ideologie. Danach sind alle Menschen, die sich gegen die Scientology stellen, psychisch krank. So schreibt er auch in einem der Standardwerke »Die Ethik der Scientology«, dass nach seinen »Forschungen« fast alle Menschen zu Scientology gebracht werden können. Der restliche Anteil ist so psychisch krank, dass er unter Quarantäne zu stellen ist und nach Durchsetzung scientologischer Gesellschaftsformen in Lager zu bringen ist.

Nach außen wirken die Aktionen dieser Einheit häufig – ähnlich wie NARCONON oder CRIMINON – wie eine Institution, die sich um Menschen in psychiatrischer Behandlung sorgt. Auch viele Menschen mit prinzipiell vorhandener Skepsis gegenüber Psychopharmaka können so angesprochen werden, um ihnen vermeintliches kritisches Engagement vor zu vielen Medikamenten vorzutäuschen.

Auch der KVPM erfüllt beide Seiten der scientologischen Strategie:

- nach außen: Wir wollen nur das Beste für die Menschen
- nach innen: Wir erkennen die wirklichen Übeltäter, die der Expansion der Organisation und den persönlichen Weg zu einem vollendeten Menschen verhindern.

Nicht nur die Werbung im öffentlichen Raum dient dem Expansionsdrang. Ob über den Einfluss im Wirtschaftsleben, über Prominente oder Lobbyisten oder auch über die vermeintlichen Bildungsangebote der Organisation: die Expansionsstrategie lässt so gut wie keinen Bereich der Gesellschaft aus. Gibt es bei den Anwerbungen auf der Straße zumindest noch eine Chance, relativ schnell zu erkennen, wer sich da um einen bemüht, wird es bei den anderen Angeboten schon schwieriger.

Wie alles begann

Lafayette Ron Hubbard, der Gründer der Scientology Organisation. Alles, wirklich alles, was er formuliert hat, was er an Anweisungen gegeben hat, ist nach wie vor die alleinige Denk- und Handlungsvorlage für die Mitglieder der Organisation. Hubbard oder seine entwickelte Technologie für alle Lebenslagen zu kritisieren ist verboten. Hubbard ist seit 1986 tot. Seine Organisation existiert weiter.

Die scientologischen Geschichtsschreiber verklären ihn als Gelehrten, Forscher, Arzt, Bestsellerautor, eine Art omnipotenten Wissenschaftler. Vom Religionsführer ist dagegen in den euphorischen Schriften eher wenig zu lesen. Aber von einem sind alle überzeugt, er hat die Probleme der Menschheit erkannt und etwas entwickelt, das die Menschheit, die Erde und last but not least das Universum vor Verfall, Verderbtheit – kurz vor dem Untergang retten kann. Einzige Bedingung dafür ist, dass alle, die sich in seiner Organisation bewegen, sich strikt an die Vorgaben halten. Bei Abweichungen gibt es Probleme, für den Einzelnen und damit für die Organisation. One way zur Unsterblichkeit. Bei Scientology heißt das Motto: Überlebe!

Lafayette Ron Hubbard, geb. 13. März 1911 in Tilden, Nebraska/USA, gestorben am 14. Januar 1986 in Creston,

Kalifornien/USA. Über die Todesursache sind immer wieder Gerüchte und Spekulationen aufgetaucht. Von Schlaganfall bis Mord ist alles vertreten. Die Spekulationen mögen vor allem daran liegen, dass nach Hubbards Tod seine Familie sehr schnell die Einäscherung der Leiche veranlasste. Weitere bis heute zum Teil bestehende Verunsicherungen mögen daran liegen, dass zur Klärung der Todesursache eine Autopsie durchgeführt werden sollte, aber die Rechtsanwälte der Familie Hubbard dieses verhinderten, indem sie ein Dokument vorlegten, dass Hubbard jegliche Art von anatomischen Sektionen aus religiösen Gründen ablehne und die Rechtsanwälte auf entsprechende US-amerikanische Gesetzeslagen hinwiesen. Immerhin ist wohl gesichert festgestellt worden, dass es sich bei der eingeäscherten Leiche wirklich um die des L. Ron Hubbard handelte. Aber bis heute kommen in zeitlichen Abständen immer mal wieder Diskussionen auf, die den Todeszeitpunkt und die Todesursache bezweifeln.

Ein genaues Datum zu bestimmen, wann Hubbard Scientology gegründet hat, ist etwas schwierig. Anlehnen kann man sich an das Jahr 1950, in dem das Buch Dianetik auf dem US-amerikanischen Büchermarkt erschien. In der Scientology genießt dieses Werk als »Buch Eins« uneingeschränkte Aufmerksamkeit. Das Jahr 1950 bietet sich auch aus anderen Gründen an, mit diesem Jahr beginnt sozusagen die scientologische Zeitrechnung. 1950 ist quasi das Geburtsjahr. Wie ernst dies gemeint ist, wird in Anweisungen von Hubbard deutlich. Als Datumsangabe kann einem zum Beispiel die Abkürzung 10. Januar a. D. begegnen. Die Abkürzung a. D. steht für »after Dianetik«, das Erscheinungsjahr des »Buches Eins«. Übersetzt aus der scientologischen Zeitrechnung bedeutet das Datum also 10.2.1960.

Für das Jahr 1950 spricht auch, dass Hubbard als Gründer und Präsident einer Hubbard-Dianetikforschungsstiftung (Hubbard Dianetics Research Foundation – HDRF) auftritt. Diese Stiftung wurde im April 1950 in New Jersey eingetragen. Ende 1950 erscheint am 5. Dezember in einer Zeitschrift namens »Look« ein Artikel mit der Überschrift »Dianetik – Wissenschaft oder Schwindel?« In diesem Artikel geht es dann auch bereits kritisch los. L. Ron Hubbard wird bis zum Erscheinen seines Buches Dianetik als unbekannter Schriftsteller mit pseudowissenschaftlicher, verschwommener Ausdrucksweise dargestellt. In Hubbards Buch Dianetik, so der Schreiber dieses Artikels, würde behauptet, dass die Schaffung der Dianetik ein Meilenstein für den Menschen sei, die sich mit der Entdeckung des Feuers vergleichen ließe, und wichtiger sei als die Erfindung des Rades und des Bogens. In dem Artikel heißt es weiter, dass Hubbards Buch »eine Vielzahl von Psychiatern, Biochemikern, Psychologen, Ärzten und ganz normalen Wissenschaftlern ..., die die verblüffenden Behauptungen und den wachsenden finanziellen Erfolg dieses seltsamen neuen Phänomens mit Furcht und Angst betrachten«, beeinflusst hat. Es wird geschlussfolgert, dass die Anziehung von Hubbard darin besteht, dass seine Ersatzpsychiatrie allen zur Verfügung steht.

Nicht nur eine erste kritische Presse begleitet die Gründungsphase der Dianetik. 1951 wird in New Jersey gegen die Hubbard Stiftung HDRF von einem Vertrauensarztausschuss ein Verfahren angestrengt, weil die Organisation ohne Lizenz eine Schule betreibt und einen Teilbereich der Medizin lehrt. Über den Ausgang dieser Untersuchung ist nichts Aussagekräftiges bekannt.

Die HDRF errichtet 1951 ihren Hauptsitz in Wichita, Kansas, und übernimmt eine Art Schirmherrschaft über die »Allied Scientists of the World« (Vereinigte Wissenschaftler der Welt). Der Zweck dieser Organisation wird folgendermaßen erklärt:

Der Bau und die Einrichtung einer Bibliothek ... in einem atomsicheren Gebiet, in der Kultur und Technik der Vereinigten Staaten in einem für die Wissenschaft nutzbaren Zustand eingelagert und im Falle eines Angriffes gerettet werden soll.

Im Jahr 1951, kurz nach dem Zweiten Weltkrieg und der Zündung der ersten Atombombe in Japan eine nicht ungeschickte Herangehensweise für Propagandazwecke. Die Angst vor der Atombombe war allgegenwärtig. Sicherlich haben sich einige dort engagiert, denn welcher Amerikaner möchte nicht die Errungenschaften der Vereinigten Staaten atomsicher aufbewahrt wissen.

Hubbard war inzwischen schon so bekannt, dass auch sein Privatleben für die Medien von Interesse war. So berichtet die »Times Herald« in Washington D. C. am 24. April 1951 über das Scheidungsverfahren des Ehepaares Hubbard. Die Ehefrau hätte in dieses Verfahren eingebracht, dass qualifizierte ärztliche Berater empfohlen haben, ihren Ehemann L. Ron Hubbard zur psychiatrischen Beobachtung und Behandlung einer Geisteskrankheit mit der Bezeichnung »paranoide Schizophrenie« in ein privates

Sanatorium einzuweisen. Frau Sara Hubbard gab an, er sei »hoffnungslos geisteskrank«. Die Begründung dieser Aussage mag an den weiteren Details der Schilderungen liegen. Sie gab an, von ihrem Ehemann systematisch gefoltert, geschlagen, stranguliert worden zu sein. Außerdem habe er mit ihr experimentiert. Reine Schlammschlacht während eines Scheidungsverfahrens? Wie auch immer, nachdem eine Scheidungsvereinbarung geschlossen ist, geht die Sache reibungslos über die Bühne. Allerdings hatte Sara monatliche Zahlungen und das Sorgerecht für den gemeinsamen Sohn erreicht. Während des Verfahrens hatte sie ihre Vorwürfe gegen den Ehemann zurückgenommen.

Fraglich ist, ob die Einlassungen der Ehefrau völlig unbegründet waren, existiert doch Korrespondenz zwischen L. Ron Hubbard und der Veteranenverwaltung in Los Angeles. Diese Behörde war zuständig für die Fürsorge von Kriegsteilnehmern nach dem Zweiten Weltkrieg. In einem Brief vom 15. Oktober 1947 an eben diese Behörde, der von Scientology Deutschland als Fälschung bezeichnet wird, schreibt Hubbard:

… Dies ist ein Antrag auf Behandlung … Nachdem ich zwei Jahre lang vergeblich versucht habe, mein Gleichgewicht im Zivilleben wiederzuerlangen, bin ich völlig unfähig, für mich persönlich ein Auskommen zu erzielen. Mein letzter Arzt informierte mich, dass es hilfreich sein könnte, wenn ich mich untersuchen ließe und vielleicht psychiatrisch oder sogar durch einen Psychoanalytiker behandelt würde. Gegen Ende meiner Dienstzeit umging ich aus Stolz jegliche Überprüfung meines Geisteszustandes. Dies geschah in der Hoffnung, dass die Zeit

meinen Geist ins Gleichgewicht zurückführen würde, von dem
ich klare Anzeichen hatte, dass er ernsthaft beeinträchtigt war.
Ich kann mir die langen Perioden der Verdrießlichkeit und
Neigungen zum Selbstmord nicht erklären und mich auch nicht
darüber erheben.

Die weitere Entwicklung der Organisationsgründungen
wird Anfang der 50er Jahre etwas unübersichtlich. Einigermaßen gesichert scheint zu sein, dass Hubbard 1952 die
»Hubbard Association of Scientologists«, sozusagen den
Hubbard Scientologenverband in Arizona/USA gründete
und in der Folge in New Jersey ein weiteres Büro eröffnete.
In dieser Zeit soll bereits der Sprung über den großen Teich
nach Europa gelungen sein. Auch in London soll bereits damals der Hubbard'sche Scientologenverband präsent gewesen sein.

Das Netz des Hubbard-Imperiums beginnt, sich zu entwickeln. Auch die Aktivitäten und die Darstellungen für die
Öffentlichkeit steigerten sich.

Festzuhalten ist, dass in der Gründungszeit von Wissenschaft und Therapie die Rede ist, von Religion oder Kirchen-
gründung keine Spur. Über die formelle Gründung seiner
ersten Scientology-Church gibt es die widersprüchlichsten
Angaben. Die Organisation selbst gibt für die Gründung
der »Church of Scientology of California« das Jahr 1954 an.
Ob diese Angabe nun stimmt oder nicht, ist eigentlich unbedeutend. Das »Warum Kirche?« ist schon interessanter.

Dieses Warum erschließt sich allerdings nicht durch die
offizielle Darstellung der Organisation. Dafür muss man
sich in die Niederungen der Hubbard'schen Anweisungen

begeben. Die bereits 1951 sich andeutenden Probleme mit der US-amerikanischen Gesundheitsbehörde setzen sich fort. Zum Beispiel wurde noch im Jahr 1963 von der US-amerikanischen Nahrungs- und Medikamentenbehörde, der Food and Drugs Administration, eine Razzia in der Scientology-Akademie in Washington D.C. durchgeführt. Dabei wurden Geräte beschlagnahmt, die die Akademie bei der Ausübung von Scientology eingesetzt hatte. Es wurde vorgebracht, diese Geräte mit der Bezeichnung »Hubbard-Elektrometer« seien in Anzeigen fälschlich als wirksam bei der Behandlung verschiedener Krankheiten bezeichnet worden.

Die Reaktion von staatlichen Institutionen verwundert einen nicht. So musste die Öffentlichkeit in der Darstellung der Scientology einiges zur Kenntnis nehmen.

Zum Beispiel erscheint im Mai 1960 eine Zeitschrift mit Namen »Reality«, also »Wirklichkeit«. Das Blättchen nimmt für sich in Anspruch, die offizielle Publikation von Dianetik und Scientology in Kalifornien und dem Westen der USA zu sein. Die Seite drei dieser Veröffentlichung dokumentiert die Ansprüche der Organisation:

In den Händen der Intelligenz hat Scientology durch Änderung der menschlichen Energie alle Wunderheilungen früherer Zeiten wiederholt. Es ist jedoch mehr als eine Wissenschaft vom Heilen. Durch Scientology und nur durch Scientology könnte die Qualität derer bestimmt werden, die die Menschheit regieren. Durch Scientology kann ein Mensch seine Mitmenschen erkennen und ihr Handeln vorhersagen. Er kann heilen und die Zukunft seiner Kinder sicherstellen. Er kann das Morgen beurteilen und lernen, im Heute zu herrschen ... In einigen Stunden kann Scientology die Lahmen gehend und die Blinden sehend machen.

1963 – zur Zeit der Durchsuchung, existierten bereits Anweisungen innerhalb der Organisation, die die US-amerikanische Gesundheitsbehörde zum Feind erklärt. Aus den 50er/60er Jahren stammen auch die Formulierungen, die entlarven, warum Hubbard plötzlich vom angeblichen Wissenschaftler und Heiler zum Religionsstifter mutierte.

In der Serie der Anweisungen mit der Überschrift »Attacken gegen Scientology« wird den Anhängern verdeutlicht, welche Maßnahmen zu ergreifen sind, um die als Attacken bezeichnete Kritik abzuwehren. Die Empfehlungen der zu ergreifenden Maßnahmen sind in Schritte unterteilt. Dazu gehört, Öffentlichkeit oder politische Institutionen über die immer als Diskriminierung der Organisation bezeichnete Kritik zu informieren, um die »Attacken« zu stoppen bis zu dem Schritt, wenn die vorhergehenden nicht zum erwünschten Erfolg geführt haben, sich dann als Kirche oder Religion zu bezeichnen. Religionsgemeinschaften, so Hubbard, werden vom Staat nicht angegriffen, der Begriff »Kirche« wird im Allgemeinen mit positiven Attributen in Verbindung gebracht. Ein nicht zu unterschätzender Ansatz, der sich in den USA – aber nicht nur dort – als wirksame Maßnahme erwiesen hat. Die öffentliche Reaktion der Scientology-Organisation auf die Durchsuchung der Räume und der Beschlagnahmung durch die Nahrungs- und Medikamentenbehörde vom 5. Januar 1963 könnte auch aus der heutigen Zeit stammen, denn greift der Staat ein, wird immer so argumentiert. In der Stellungnahme heißt es:

> Die Beschlagnahme von Vermögensgegenständen und Unterlagen unserer religiösen Organisation, der Scientology-Gründerkirche, auf Betreiben der Nahrungsmittel- und Medikamentenbehörde des US-Ministeriums für Gesundheit, Erziehung und Soziales stellt ein schockierendes Beispiel für eine Regierungsbürokratie dar, die verrückt spielt. Sie stellt einen direkten und erschreckenden Angriff auf die verfassungsmäßigen Rechte der Religionsfreiheit, Pressefreiheit und Redefreiheit dar.

Dieser durchaus als holperig zu beschreibende Beginn der Organisation Scientology macht deutlich, dass von Anfang an alle Schilderungen und daraus abgeleiteten Vorwürfe bis heute geblieben sind. Dieses kann auch nicht verwundern, weil es immer noch dieselben Ideen und Praktiken sind.

Die Organisation kann nur existieren, wenn verschiedene Komponenten zusammentreffen.

1. Menschen anzusprechen, scientologisch auszubilden und den Weg zurück in die reale Welt so schwer wie möglich zu machen.
2. »Macht Geld, macht mehr Geld«. Dieses Hubbard-Zitat ist eines der bekanntesten. Ohne Geld keine Macht.
3. Ein gut organisiertes Netz der Abwehr von negativen Einflüssen von innen und außen. Darin eingebunden eine PR-Strategie, die in der Lage ist, schnell und zielgerichtet Kampagnen zu realisieren und vor allem zu desinformieren. Nicht ohne Grund wird wohl die scientologische

Geheimdienstabteilung OSA nach außen als Presse- und Rechtsamt deklariert. Vom ehemaligen FBI-Chef von Los Angeles kann man wohl davon ausgehen, dass er weiß, wovon er spricht, wenn er 1994 in deutschen Medien mit folgender Aussage zitiert wird: »... dass die Sekte eines der ausgefeiltesten Spionagenetze hat, die man sich ausmalen kann.«

Gepolte Menschen, Geld und Propaganda sind das eiskalte Gemisch des Hubbard'schen Imperiums mit Namen Scientology. Es stellt sich schon lange nicht mehr die Frage, ob wirklich alles Hubbards Hirn entsprungen ist oder ob andere an der Entwicklung mitgestrickt haben, bzw. ob sich Hubbard nicht bei Ideengebern bedient hat. Auf einen Aspekt, dass Hubbard sich anderer Ideengeber bedient hat, ist kurz einzugehen, da es einen doch wohl zentralen Punkt berührt: das Wort Scientology.

Bereits weit vor der Begriffsbestimmung durch Hubbard gab es eine Publikation mit dem Titel: »Scientologie, Wissenschaft von der Beschaffenheit und Tauglichkeit des Wissens«. Das Werk erschien 1934, und der Autor, ein Deutsch-Argentinier hieß Dr. Anastasius Nordenholz. Scientology mit dem »Y« ist inzwischen ein eingetragenes Warenzeichen. Die Organisation hat auf die Darstellung der Nordenholzen-Veröffentlichung, wenn sie erwähnt wird, natürlich immer in der Form reagiert, dass dies nichts mehr mit Hubbards Ideen und Werken zu tun habe. Bemerkenswert ist es trotzdem, denn nicht nur der Begriff ist identisch, es gibt auch andere Gemeinsamkeiten:

Doch endet die Gemeinsamkeit zwischen Nordenholz' Scientologie und Hubbards Scientology keineswegs bei dem Hauptbegriff und seiner Deutung. Nordenholz benutzt wie Hubbard (oder Hubbard wie Nordenholz) als Ausgang seiner in »reine Scientologie« und »angewandte Scientologie« unterschiedenen Wissenschaft »Axiome«.

(Haack, Friedrich-Wilhelm: Scientology. Magie des 20. Jahrhunderts. München, 1991, S. 66)

Die Ähnlichkeit bei der Begriffsbestimmung ist schon verblüffend, denn auch Hubbard gab eine Schrift mit dem Titel »Die Axiome der Scientology« heraus. Die Schlussfolgerung, dass selbst der Name seiner Organisation und Bausteine seiner »Wissenschaft« nicht von ihm stammen, kann wohl bei dieser Schriftenlage nicht ausgeschlossen werden.

Allerdings, ob Hubbard Ideen von anderen übernommen hat, alleine oder im Verbund mit anderen das Gesamtsystem entwickelt hat, die in der scientologischen Geschichtsschreibung nicht auftauchen, ist im Sinne der Auswirkung für Mensch und Gesellschaft unerheblich. Die Ideologie und die Strategie der Umsetzung ist eine Gefahr. Sie war es von Anfang an und wird es bleiben, wenn es nicht gelingt, dem Treiben irgendwann ein Ende durch Verbot zu bereiten.

Alles Kirche, alles religiöse Überzeugung?

Es war einmal ein Science-Fiction-Schriftsteller, sein Name Lafayette Ron Hubbard. Nach allem, was man weiß, hat er nie von sich behauptet, er sei ein Gott oder auch nur göttlich. Aber er behauptet, er ist im Himmel gewesen. Die Aussagen gedeutet, wohl zweimal.

»Die Zeit meiner ersten Ankunft«, so seine Ausführungen, »war datiert auf 43.891.832.611.177 Jahre, 344 Tage, 10 Stunden, 20 Minuten und 40 Sekunden nach dem 9. Mai 1963 22.o2.5 Uhr Greenwich-Tageszeit«. In seiner Zeit im Weltall soll er die Russen auf dem Weg zur Venus in die Flucht geschlagen haben und soll mit dem Raumfahrtprogramm der Amerikaner in den 50er Jahren beschäftigt gewesen sein. Recherchierbar ist dieses nicht, da sich über die galaktischen Spritztouren von Herrn Hubbard keine Aufzeichnungen finden lassen, dafür aber hat er für seine Anhänger mit präzisen Details seine Ausflüge beschrieben.

So hat ihn sein zweiter Besuch im Himmel mehrere 100 Milliarden Jahre später so schockiert, dass er wohl feststellen musste, dass alles im Universum bergab gegangen war. War er noch beim ersten Besuch beeindruckt von der geradezu majestätischen Pracht im Himmel, so war beim zweiten Besuch alles hässlich geworden. Er schrieb: »Eine Prachtstraße mit Heiligenstandbildern führt zu ihnen hin. Die Säulen der Portale werden von marmornen Engeln überragt. Das Gelände um die Eingänge ist sehr gepflegt …« So der erste Besuch. Dann der Schock: »Die Vegetation gibt es nicht mehr. Die Säulen sehen jämmerlich aus. Die Heiligen sind verschwunden und auch die Engel.« Die Erkenntnis aus dem von ihm festgestellten Chaos ist die Rettung des Universums geworden. Mittendrin Mutter Erde:

> Der erste Schritt ist, den Atomkrieg und planetarisches Chaos zu verhindern und die Erde als ein Rehabilitationszentrum zu benutzen, da hier die (scientologische, d. Verf.) Technologie schon gut eingeführt ist. Ein zweiter darauf folgender Schritt ist, den zentralen Organisationen (der Scientology, d. Verf.) nicht unähnliche Arbeitseinheiten in nahegelegenen Systemen einzurichten.
>
> (Edition Scienterra, VAP Verlag [Hrsg.],
> »Scientology – Mehr als ein Modetrend«, Preußisch Oldendorf, 1991)

Die Erde als Rehabilitationszentrum für verwirrte intergalaktische Chaoten. Er hatte allerdings auch Bündnispartner im Himmel ausgemacht.

> Mit den stellaren Mächten, die sich für diese Bereiche interessieren, wird sich kein ernstzunehmender Konflikt entwickeln, da ich für die beiden, die in dieser Galaxis am meisten davon berührt werden, die Hand ins Feuer lege, nämlich Espinol United Stars, wozu das Sonnensystem entfernt gehört, und die Galaktische Konföderation, der sich Espinol mit Maßen beugt.
>
> (Edition Scienterra, VAP Verlag [Hrsg.],
> »Scientology – Mehr als ein Modetrend«, Preußisch Oldendorf, 1991)

Wie bringt man nun Menschen dazu, diese Weltraum-Odyssee als persönliches Ziel der Befreiung anzunehmen und der staunenden Öffentlichkeit als religiöse Überzeugung zu verkaufen? Ein Erich von Däniken ist bisher noch nicht darauf gekommen, seine außerirdischen »Wahrheiten« mit dem Schein der Religiosität zu verbinden. Herrn von Däniken kann man wohl auch nicht unterstellen, dass er seine »Erkenntnisse« zur politischen Marschrichtung erhoben hat. Ihm genügt – im Gegensatz zu Hubbard – der Verkauf seiner Bücher.

Das desaströse Chaos im Himmel wird dem Angeworbenen in Scientology auch nicht gleich offenbar. Diese Offenbarung der Universumsaufgabe wird nach und nach vermittelt. Hier spielt natürlich die Maßgabe, die Sprache zu erlernen, eine bedeutende Rolle. Sätze wie: »Gehe nie über ein unverstandenes Wort hinweg!«, oder: »Wahr ist für dich nur das, was du für wahr erkennst!«, machen deutlich, dass auf dem Weg zur galaktischen Erkenntnis und die Weltraum-Wunderlichkeit nötig ist, den persönlichen Freiheitsweg mit den vorgegebenen Anweisungen in Einklang zu bringen.

Bereits am Anfang dieser Reise in das Raumzeitalter des Herrn Hubbard steht die Lehre zu verinnerlichen, dass das Gehirn nicht etwa ein Organ ist, sondern aufgeteilt ist in zwei Hälften: den analytischen und den reaktiven Geist. Nach Hubbard ist der analytische Geist rational, steuert die Wahrnehmung, hat die Fähigkeit zu entdecken und auch zu zählen. Der reaktive Geist jedoch kann dagegen angehen. Dieser ist ein übler Geselle und für vieles, was den Menschen quält, verantwortlich. Bereits im Buch Dianetik sitzt der reaktive Geist auf der Anklagebank:

Er nimmt den Menschen das musikalische Gehör. Er bringt die Menschen zum Stottern. Er bewirkt das, was man auf jeder Liste geistiger Leiden finden kann: Psychosen, Neurosen, Zwänge, Verdrängung ... Was kann er tun? Er kann Arthritis, Bursitis, Asthma, Allergien, Sinusitis, Koronarerkrankungen und hohen Blutdruck verursachen und so weiter durch den ganzen Katalog der psychosomatischen Krankheiten.

(Hubbard, L. Ron: »Dianetik. Die moderne Wissenschaft der geistigen Gesundheit«. Kopenhagen, 1984, S. 66)

Die Ursache für derart schädigendes Verhalten liegt laut Hubbard nun daran, dass dieses reaktive Teufelchen ausschließlich negative Erfahrungen speichert. Er hat also aus den zahlreichen vergangenen Leben Bilder von unangenehmen Erfahrungen und Erlebnissen aufgenommen. Durch diese Bilder ist der positiv eingestellte analytische Geist gefangen, gehemmt oder einfach kurzgeschlossen – sozusagen unfrei.

Das ganze Streben durch die Kurse und Seminare zielt von Anfang an darauf, diese den analytischen Geist hemmenden Abbilder – bei Scientology heißen sie Engramme – aus dem reaktiven Geist zu löschen. Ist dieses nach in der Regel langen und teuren Sitzungen – dem so genannten Auditing – gelungen, geht man bei Scientology davon aus, dass der jeweilige Scientologe den Status »Clear« erreicht hat. Bis zu diesem denkwürdigen Ereignis heißen die Anwärter auf diese Stufe »Preclear«. Je nachdem, wie viel der einzelne Mensch an Untaten, Schmerzerfahrungen, Drogeneinnahme (Medikamente, die anscheinend im Himmel an der Tagesordnung sind) aufweist, dauert die Prozedur häufig jahrelang und kostet und kostet. Der scientologisch zu erlernende Begriff, der die Sinnhaftigkeit der Auditing-Prozedur erklärt, ist die so genannte Zeitspur, auf der sich alles befindet, was geschehen ist und die es zu erforschen gilt. Bei der Ausbildung zum Auditor werden dann Erkenntnisse vermittelt:

… Und nun die schlechte Nachricht: Die Zeitspur ist – dank »Ron« wissen wir das – mindestens 350 000 000 000 000 Jahre lang. (Wahrscheinlich aber noch viel länger.) Nach Hubbards Theorie werden alle 25stel Sekunden auf der Zeitspur 57 Wahrnehmungen gespeichert … Man könnte nun rational entgegenhalten: Die Erde hat sich vor 350 Billionen Jahren noch nicht gedreht, sie gab es schlicht nicht, nicht einmal das Universum. Aber was soll's: Das E-Meter belehrt uns eines Besseren … Denn mit Hilfe des E-Meters -- und das lernte ich nun – kann man jedes beliebige Datum auf der Zeitspur ausfindig machen, ohne dass der Preclear auch nur ein Wort sagt: beispielsweise den 1. Februar 9 876533210 vor Christus! … Mein Trainer dachte sich ein Datum aus und schrieb es für mich nicht sichtbar auf ein Blatt Papier. Ich glaube, es war sein Geburtsdatum (Jeder fängt mal klein an!). Nun musste ich fragen: »Liegt das Datum vor 1945 n. Chr.?« Gab es eine Nadelreaktion (am E-Meter, d. Verf.), hieß das »ja«, gab es keine, hieß das »nein«. Ich kreiste so das Jahr ein. Dann folgte die Frage »Liegt das Datum vor dem 1. Juli 19XY?« So fand ich den Tag heraus. Am Ende hatte ich tatsächlich das Geburtsdatum ausspioniert, ohne dass er mir irgendetwas gesagt hätte. Das E-Meter funktioniert, davon war ich felsenfest überzeugt.

(Caberta, Ursula; Träger, Gunther: »Scientology greift an«. Düsseldorf, 1997, S. 53)

Hindernisse auf dem Weg zum Clear sind neben den Verfehlungen auf der Zeitspur selbstverständlich auch im Hier und Jetzt möglich, nämlich immer dann, wenn nach Auffassung der in Scientology für den Weg zum Clear zuständigen Personen feststellen, dass der »Student« oder »Preclear« Schwierigkeiten erkennen lässt, sich ganz dem zu erreichenden Ziel zu widmen. Solche Schwierigkeiten können durchaus auch darin bestehen, dass die finanziellen Möglichkeiten des Einzelnen den Weg behindern oder das Umfeld, also Familie, Freunde etc., durch kritische Begleitung das Fortkommen bremsen. Schon sehr früh werden die Organisation und Hubbard mit Vorwürfen des finanziellen Ruins von Anhängern konfrontiert. Häufig werden gerade die Kosten für das Auditing ins Feld geführt. Berichte von ehemaligen Scientologen, denen immer wieder suggeriert wurde, derjenige brauche mehr Auditing, da die immer noch ungelösten Probleme (welche das auch gewesen sein mögen) an noch nicht aufgedeckten Gemütsstörungen lägen. Um endlich die Wurzel des Übels zu erkennen und auszureißen, sei eben weiteres Auditing nötig. Erfahren wird man bis zu diesem scientologischen Zustand auch, dass der Mensch nicht einfach ein Mensch ist, sondern sich folgendermaßen zusammensetzt: »Der erste Teil ist das geistige Wesen, das in der Scientology Thetan genannt wird. Der zweite Teil ist der Mind. Der dritte Teil ist der Körper.« Dem Thetan, auch das ist dann irgendwann klar, ist besondere Aufmerksamkeit zu schenken.

Eine immer wiederkehrende Erklärung von ehemaligen Mitgliedern, die sich nach dem Lösen von der Organisation mit Schuldenbergen konfrontiert sehen, ist die Verlockung, was nach »Clear« passiert. Dieses wird ihnen durch Schriften und innerhalb der Organisation auch durch Schilderungen von Mitgliedern, die diesen Weg bereits gegangen sind, sehr euphorisch dargestellt. Man hatte Respekt vor diesen Personen der Organisation, da man sich selbst noch auf der Brücke in unteren Regionen als »Student« abstrampelte. Das Universum des aktiven Thetan, des operierenden Thetan, scientologisch kurz OT. Die nach wie vor zu erreichende Stufe im OT-Bereich ist OT VIII. Auf der Brücke zur Freiheit sind höhere Stufen angekündigt. Alles ein Mysterium, um die auch diejenigen weiter in Neugierde über zu erreichende Fähigkeiten zu halten, die Engagement und Geld genug haben, sich immerhin bis OT VIII hochzuauditieren. Denn auf diesen Graden ist man mit sich und seiner Zeitspur und vor allem mit seinem Thetan und an ihm haftenden Kleinthetanen, so genannten Bodythetanen allein. Man auditiert sich selbst. Vor allem scheint eine Verlockung interessant zu sein und ist Vorbild dafür, dass man es Hubbard nachmachen kann, der Besuch im Weltall, die Fähigkeit, sich von seinem Körper zu lösen. Der aktive, von störenden Elementen befreite geistige Teil, der Thetan erlernt – so die Lehre –, sich zu extorisieren, also den Körper zu verlassen und damit verbunden die Herrschaft über das MEST, Materie, Zeit, Raum und Energie zu erlangen und dieses zu kontrollieren.

Der Weltraum, die letzte Grenze. Nur als aktiver, operierender Thetan gelangt man dorthin. Und nun endlich eröffnet sich die Weltraumodyssee für den einzelnen Scientologen. Die verschiedenen OT-Stufen sind wohl unterschiedlich spannend, denn OT III und auch OT V werden als Feuerwände, die es zu durchschreiten gilt, bezeichnet. Und bei OT III wird es dann auch endgültig intergalaktisch. Selbstverständlich sind die Materialien der OT-Stufen streng geheim. Hubbard musste sich wohl sicher sein, dass erst die Prozedur bis Clear den menschlichen Verstand derartig umnebelt, dass er nun auch seine Weltallkriegsschauplätze kritiklos übernimmt und verteidigt. Aber wie das so ist mit Geheimhaltung, es gibt immer Menschen, die plaudern. Allerdings erst, wenn sie die Organisation verlassen haben, und auch dann haben viele in der ersten Zeit regelrecht Angst, etwas zu erklären, der Verratsgedanke hat sich eingefressen in das scientologisch trainierte Hirn.

Unbestritten kann man allerdings inzwischen zur Kenntnis nehmen, dass auf der Stufe OT III die intergalaktische Kriegsphantasie des Herrn Hubbard vermittelt wird.

Vor allem wird vermittelt, und das ist für ein Funktionieren des Systems auf Erden nicht unwichtig, dass der Feind aus dem All wohl einen Teilsieg errungen hat, mit dem sich die Menschheit nun herumplagt und dessen Schaden auf Erden nun Hubbard und seine Organisation angetreten sind, zu bereinigen. Der Feind aus dem All heißt Xenu, dieser ist der Herrscher einer galaktischen Konföderation, die aus 21 Sonnen und 76 Planeten besteht. Dieser Bösewicht versuche nun, alle Wesen seiner Einflusssphäre unter seine Kontrolle zu bekommen. Rabiat von seiner Anlage her, hat er den Thetanen mit Gewalt, Drogen, elektrischen und elektronischen Mitteln seine Befehle eingepflanzt. Dieses ist schon eine ganze Weile her. Nach der Geschichte in OT III rund 75 Millionen Jahre. Zu der Zeit hat es Überbevölkerung gegeben. Das Problem hat Xenu gelöst, indem er Massen von Thetanen, mit den genannten rabiaten Methoden behandelt, auf die Erde gebracht hat, diese hieß seinerzeit »Teegeack«. Als wäre die Behandlung nicht genug, hat er diese Milliarden von Thetanen in Vulkane gestopft und darin zwei Wasserstoffbomben zur Explosion gebracht. Wundersamerweise sind diese Thetane dann in den Himmel geschleudert und mit Flugzeugen auf die Erde zurückgebracht worden. Damit ist die Hubbardsche Horrorgeschichte aus dem Weltraum nicht beendet. Denn er – wer sonst – hat die wahren Absichten des Xenu erkannt, nämlich die auf der Erde Wandelnden dazu zu bringen, die technische Zivilisation von vor 75 Millionen Jahren nachzuahmen und anschließend einen planetarischen Selbstmord zu begehen. Xenu ist allerdings, so geht die Geschichte weiter, aus dem Verkehr gezogen, denn immerhin gab es in seiner Umgebung gute Thetane, die ihn festgenommen und in eine elektrisch geladene Kiste gebracht haben. In den Schriften finden sich keine Hinweise, dass der üble Geselle diese Kiste wieder verlassen hat, aber seine ihm ergebenden Thetane weilen nach wie vor unter uns, die Xenu-Gefahr ist also auf Erden akut. Die Entwicklung der Atombombe, Krieg, Folter, Drogen, Mord, Gehirnwäsche, Elektroschock-Therapien, alle Übel dieser Welt haben ihren Ursprung in den finsteren Plänen des in der Kiste dahinvegetierenden Xenu.

Um nun die eingepflanzten »Engramme« der Vergangenheit oder auch die Hemmnisse im Hier und Jetzt feststellen zu können und die Marter vom Thetan zu nehmen, bedarf es der Hilfe eines Gerätes: des Hubbard-E-Meters. Ein Gerät, an dem sich Blechdosen befinden, die mit einem Kabel an dem E-Meter befestigt sind, und das an die Steckdose angeschlossen wird. Der »Auditor« sitzt mit dem Blick auf die Anzeigen des Gerätes den Probanden gegenüber und registriert die Ausschläge der auf dem Gerät vorhandenen Nadel, die Reaktionen, die sich aufgrund der in den Händen liegenden Dosen ableiten. Diese Reaktionen werden durch Fragen stimuliert und scientologisch interpretiert und – nicht unwichtig – notiert.

Das Auditing ist ein Muss in Scientology. Ziel ist es aber auch, möglichst viele Menschen zu Auditoren auszubilden, um die Verbreitung zu sichern, aber auch dem einzelnen Scientologen zu vermitteln, eine scientologische Karriere machen zu können. Also gehören E-Meter auch zum Verkaufangebot des Scientology-Betriebes. In verschiedenen Ausführungen werden sie angeboten. Außerdem behält sich die Organisation vor, darauf zu achten, dass die Geräte funktionstüchtig bleiben, also müssen sie zur Wartung immer mal wieder eingeschickt werden. Es kann durchaus passieren, dass jemandem nahegelegt wird, sich ein neueres Modell anzuschaffen. Denn natürlich müssen sie gekauft werden. Seit einiger Zeit bietet die Organisation sozusagen »Beschleuniger« für das Verfahren an. In den internen Schriften wird suggeriert, dass diese Ergänzung oder Erneuerung, wie man es auch nennen will, die Ergebnisse des Auditings präziser und schneller ermitteln lässt. Selbstverständlich werden auch diese Geräte nicht einfach zur Verfügung gestellt, sondern müssen erworben werden. Der Druck auf die Einzelnen, sich dem Kauf nicht zu entziehen, ist enorm, denn mit an Sicherheit grenzender Wahrscheinlichkeit werden innerhalb von Scientology diejenigen belobigt, die sich dem Verkaufsdruck beugen.

Die Grundlage der Entwicklung von Hubbards System ist die Weltraumodyssee, das wird bereits daran deutlich, dass auf dem Dianetik-Buch ein explodierender Vulkan abgebildet ist. Die Xenu-Geschichte wird zur Grundlage für Dianetik und Scientology. Weltraumhorror eine Religion? Nein, so begann es nicht. Der erste Ansatz war Heilung der Menschen, bzw. der Geistwesen in ihnen, den Thetanen. Heilungsversprechen und Heilungsverfahren durchziehen die gesamte Ideologie. Die einzig wahre Therapie befindet sich in Händen der Scientologen. Von Religion oder Glauben keine Spur. Die Rettung der Thetane durch die verschiedenen Methoden der Scientology. Erst die ersten vehementen Auseinandersetzungen mit amerikanischen Behörden lassen die ganze Angelegenheit zu einer »Kirche« mutieren.

Noch im Juni 1953 erklärt Hubbard den Begriff Scientology wie folgt:

Scientology ist die Wissenschaft des Wissens. Sie besteht aus vielen Teilen. Ihre Hauptunterteilung ist Scientology selbst sowie Para-Scientology. Unter Scientology ordnen wir diejenigen Dinge ein, über die wir sicher sein können, und ausschließlich solche Dinge, über die wir Gewissheit haben können. Wissen selbst ist Sicherheit; Wissen ist nicht gleichzusetzen mit Daten.

Para-Scientology ist der große Topf, der all diejenigen Dinge enthält, die mit größerer oder geringerer Unsicherheit verbunden sind. Hier finden wir fragwürdige Dinge, diejenigen Dinge, über die sich der normale Beobachter mit ein wenig Studium nicht sicher sein kann. Einige der Dinge, die unter Para-Scientology fallen sind: Dianetik, die Unsterblichkeit des

Menschen, die Existenz Gottes ... Solche Dinge haben eine relative Wahrheit. Trotzdem ist die Dianetik mehr eine exakte Wissenschaft als viele, die diese Bezeichnung vorher getragen haben. Ebenfalls unter die Überschrift Para-Scientology würden folgende Dinge eingeordnet werden: vergangene Leben, mysteriöse Einflüsse, Astrologie, Mystizismus, Religion, Psychologie, Psychiatrie, Kernphysik und jegliche andere Wissenschaft, die auf Theorie basiert.

(Voltz, Tom: »Scientology und [k]ein Ende«. Düsseldorf, 1995, S. 72f.)

Trotz dieser zum Teil widersprüchlichen Aussagen des Gründers gelingt es immer wieder, nach außen der nicht-scientologischen Welt zu verkaufen, Scientology sei eine Religionsgemeinschaft. Dieses Phänomen, insbesondere vor Gerichten oder in der Wissenschaft, ist nur für den nicht leicht nachvollziehbar, der die Marketingstrategie der Organisation nicht kennt oder nicht durchschaut. Nach außen wird es als Strategie genutzt, in der Annahme, mit einer Religionsgemeinschaft gehe der Staat respektvoller um. Reine Taktik. Die zum Scientologen gewandelten Menschen übernehmen irgendwann die These, sie gehören einer Religion an, denn es gilt Xenus »Freunde« in die Schranken zu weisen, und da ist jedes Mittel recht. Tief im Inneren haben sie aber die Gewissheit, sie brauchen nicht zu glauben, denn sie wissen. Sie sind Teil der Organisation, die alles weiß, da braucht es nicht den Glauben des Einzelnen. Bisher ist der Autorin kein ehemaliges Mitglied bekannt geworden, das nach dem Lösen von der Organisation von sich gesagt hat, ja, ich habe mich Scientology zugewandt, weil ich meine Religion gefunden habe. Nicht einer, nicht eine Person.

Solange innerhalb der Organisation die Menschen so manipuliert werden, dass die kranke und dumme Außenwelt die wirkliche Wahrheit, die es nur in Scientology gibt, nicht anerkennt, bleibt es bei der Außendarstellung. All diejenigen, die also meinen, woran ein Mensch glaubt (und sei es an intergalaktische Kriege und ihre Auswirkungen auf die Menschheit) sei seine Entscheidung, können dieses tun, und daran ist nichts Verwerfliches. Schließlich soll jeder nach seiner Fasson selig werden, doch muss er sich klar werden, dass es wirklich nicht um Glauben geht, sondern um die Verbreitung der Technologie des Herrn Hubbard. Ein Mitglied der Organisation ist nicht im System Scientologe und außerhalb ein ganz normales Mitglied der Gesellschaft. Ein Scientologe/eine Scientologin ist immer Mitglied der Organisation und ist verpflichtet, die erlernten scientologischen Techniken anzuwenden. Scientology wird zum Lebensinhalt, zum Mittelpunkt von Denken und Handeln mit allen Konsequenzen.

Vom irdischen Wesen zum Scientologen

Thetane in kleinen und großen Körpern

»Ein Kind ist ein Mann oder eine Frau, der oder die noch nicht zur vollen Größe herangewachsen ist«, so L. Ron Hubbard in seinem Buch Kinder-Dianetik. Die Aussage ist an Banalität nicht zu übertreffen. Allerdings bedeutet sie nach dem Gründer der Scientology-Organisation nicht etwa, dass den Kindern nun eine Erziehung zukommen soll, die sie zu selbstbestimmten Männern und Frauen heranwachsen lässt. Die von ihm entwickelte Theorie über Menschen trifft auch die Kleinen von Anfang an.

Um die Verhaltensweisen von Scientologen zu verstehen und die zum Teil aus nichtscientolgischer Sicht widersprüchlichen, ja zum Teil absurd anmutenden Aktionen einordnen zu können und vor allem, um zu verstehen, warum Menschen ohne zu hinterfragen ihre Kinder diesem System aussetzen, ist es nötig zu erläutern, was Scientologen das tun lässt, was sie tun. Laut Hubbard'scher Lehre wird man nämlich zu einem Scientologen gemacht. Diese Aussage ist durchaus stimmig. Das Lehrgebäude erschließt sich dem Angeworbenen erst Schritt für Schritt, Kursabschluss für Kursabschluss. Die so genannte Brücke zur Freiheit ist lang und teuer. Die Mechanismen den Menschen außerhalb deutlich zu machen, werden dadurch erschwert, dass der Gründer zum Teil unerträgliche Wortschöpfungen erdachte, Begriffe des allgemeinen Sprachgebrauchs »redefinierte« und ihnen damit eine andere Bedeutung gab, und außerdem Abkürzungen einbaute, die sich nur erschließen, wenn man sich scientologisch schulen lässt. Um also an die »Erkenntnisse« der Dianetik und der Scientology zu gelangen, ist es nötig, einzutauchen in die scientologische Sprach- und damit Gedankenwelt. Diese Entwicklung einer eigenen Sprache ist einer der Bausteine, die Menschen zu Scientologen werden lässt. Über die erlernte Sprache, die nur im System Scientology anwendbar ist, entwickelt sich eine Art »Elite-Trauma«. Man(n)/Frau gehört dazu. Zu einer Gruppe, die einzig und allein berufen ist, alle Probleme zu lösen. Die Abschottung durch die Sprache nach außen wird als Privileg gedeutet und als Beweis, dass die nichtscientologische Welt dumm und krank ist. Dieses kann durchaus das eigene Selbstbewusstsein fördern. Die Konsequenz daraus, es gibt auch keinen Weg zurück, wird nicht gezogen. Gefördert wird dieses Elitedenken durch das Verhalten der Mitscientologen – man ist sich ja einig in dem, was man spricht, denkt und tut –, was soll daran falsch sein?

Daraus konsequent abgeleitet gibt es eine theoretische und praktische Ebene bei Scientology. Beides geht Hand in Hand. Nur, wer die theoretischen, ideologischen Inhalte über die Angebote der Organisation erlernt und verinnerlicht, darf und soll diese auch praktisch anwenden. Daher zeigt die Brücke zur Freiheit auch zwei Wege auf, einen für den persönlichen Werdegang als Scientologe und auf der anderen Seite den Ausbildungsweg zur Verbreitung der Inhalte und weiteren Rekrutierung von Menschen. Bei L. Ron Hubbard liest sich die Erwartung an seine Jünger folgendermaßen:

… Daher ist der Weg, der vor der Scientology liegt, frei, und ihr letztlicher Erfolg ist sichergestellt, *wenn* die Technologie angewendet wird.

Die Technologie, der Begriff in Scientology, der in allen Bereichen als Schlüsselbegriff gilt. Die Technologie ist zu schützen, zu verteidigen und anzuwenden. Wenn Änderungen vorgeschlagen werden, sind diese als ungeeignet abzuwehren. Hubbard dazu:

… Den tatsächlichen Unterlagen zufolge liegt die Wahrscheinlichkeit bei 100.000 zu 20, dass eine Gruppe von Menschen sich eine schlechte Technologie ausdenken wird, um gute Technologie zu vernichten. Da wir auch ohne Vorschläge vorwärtsgekommen sind, tun wir also besser daran, uns zu rüsten, dies jetzt, da wir es geschafft haben, auch weiterhin zu tun. Dieser Punkt wird natürlich als »unpopulär«, »selbstgefällig« und »undemokratisch« angegriffen werden. Das mag durchaus stimmen. Aber es ist auch eine Überlebensfrage. Und ich sehe nicht, dass unpopuläre Maßnahmen, Selbstverleugnung und Demokratie dem Menschen irgendetwas gebracht haben, außer ihn weiter in den Schlamm zu stoßen.

(Hubbard, L. Ron: »PTS/SP-Kurs«. Kopenhagen, 1989, S. 1)

Um diesen Erwartungen nachzukommen, müssen die Schritte gespickt mit Hubbard'schen Wahrheiten und »Befreiungskursen« absolviert werden. Befreiung bedeutet bei Scientology, bisher Erlerntes, Erlebtes nicht nur in Frage zu stellen, sondern zu ersetzen. Eben durch die »Wahrheiten« des Forschers, Philosophen, Weltreisenden Hubbard. Dieses bedeutet, fundamentale Erkenntnisse der Wissenschaft quasi im Kopf ad acta zu legen. Was in Physik, Chemie oder Biologie wissenschaftlich bewiesen wurde – vergessen! Es wird vermittelt, ausschließlich Gedanken seien Quelle allen Lebens. Ob physisch oder psychisch: Alles, was existiert, verdankt sich einzig und allein der Tatsache, dass Vorstellungen und Einbildungen es zum Erscheinen bringen. So wird in der Lehre Scientology nicht bestritten, dass die Welt, in der wir leben, existiert. Das physikalische Universum ist allerdings geschaffen durch die Macht der Gedanken. Natürlich gibt es dafür eine Abkürzung im scientologischen Sprachgebilde: MEST, diese steht für Matter, Energy, Space, Time (Materie, Energie, Raum und Zeit). Das anscheinend Faszinierende, das damit vermittelt wird, heißt nichts anderes als: Ich kleiner Mensch kann Dinge erschaffen, kann Einfluss auf meine persönliche Umwelt nehmen. Alle Wünsche sind erfüllbar, denn ich bin das Zentrum, erlerne die Techniken, die mich in die Lage versetzen, alles zu erschaffen und zu beherrschen.

Alfred Zeisel, ein ehemaliger Anhänger der Scientology und 13 Jahre dabei, beschreibt seine Veränderung zum Scientologen wie folgt:

Anfangs war ich überrascht, viele mir bekannte Begriffe plötzlich in einer anderen Bedeutung zu hören. Kritik zum Beispiel bedeutet etwas sehr Schlechtes; in Scientology ist nämlich Kritik verpönt. Selbst Begriffe wie Denken und Sex meinen bei Hubbard etwas Schlechtes. Außerdem sprachen die Leute unablässig in scientologischen Kunstbegriffen, wie zum Beispiel *Overts,* Vergehen, oder OT's, Operierende Thetans, das sind Scientologen, denen übersinnliche Fähigkeiten nachgesagt werden, die ich allerdings niemals beobachten konnte. Scientology hat so viele umdefinierte oder neu geschaffene Begriffe, dass es dafür zwei umfangreiche Wörterbücher gibt. – Mit der Zeit merkte ich dann, dass ich durch Aufgabe meiner eigenen Sprache auch meine Persönlichkeit verloren hatte. Ich war in Scientology quasi seelisch enteignet worden. Und ich brauchte nach meinem Ausstieg noch Jahre, um nicht mehr in die Falle zu treten, die mich gedanklich immer wieder mit Scientology verband.« ... Man wird halt, wenn man 14 Stunden täglich mit Scientologen zusammen ist, permanent indoktriniert. Und es ist auch psychologisch so: Hat man einmal von jemandem etwas Gutes erfahren, neigt man dazu, auch andere Ideen von ihm zu übernehmen – und zwar ungeprüft.« ... Je länger ich bei Scientology war, desto schwieriger wurde meine Beziehung zur Außenwelt. Ich hatte zum Beispiel regelrecht Angst vor den Behörden, wo – nach Ansicht fast aller Scientologen – die Unterdrücker sitzen.

(Kruchem, Thomas: »Staatsfeind Scientology?«. München, 1999, S. 89)

Verbunden mit der Verinnerlichung der Ideologie geht häufig eine Selbstüberschätzung der eigenen Fähigkeiten bei Mitgliedern der Scientology einher. Der formulierte

Herrschaftsanspruch von Hubbard für das System Scientology überträgt sich quasi auf den einzelnen Scientologen, und häufig genug benimmt er sich dann auch so. Mit der Sprache und der Aufgabe der vorscientologischen Persönlichkeit übernimmt man auch die Aufteilung des Menschen in zwei Kategorien: die soziale und die antisoziale Persönlichkeit.

Soziale Persönlichkeiten sind laut Hubbard am Überleben interessiert und machen andere glücklich. Ein anderes ihnen zugeschriebenes Merkmal: Sie schließen »Aktionszyklen« ab. Zyklen abschließen ist in Scientology auch ein Maßstab. Aufgaben, Kurse, Beziehungen zu anderen Personen sind Zyklen, die abgeschlossen sein müssen. Hat ein Scientologe im Sinne des Systems Erfolg, hat er ein gutes oder hohes ARK. Diese Abkürzung steht für Affinität, Realität und Kommunikation. Die von Scientology als Symbol verwendeten beiden Dreiecke, die durch ein großes S miteinander verschlungen sind, bedeuten das, was zum Funktionieren erwartet wird. Wird einem ein hohes ARK in einer Situation bestätigt, hat man sie scientologisch ausgedrückt »gehandhabt«, also auf gut deutsch im Griff. Das zweite Dreieck wird mit den Buchstaben KRC abgekürzt. K für Knowledge (Wissen), R für Responsibility (Verantwortung) und C für Control (Kontrolle). Die Bedeutung des Symbols und der Begriffe, die mit den Dreiecken verbunden sind, und welche Anforderungen an den Einzelnen gestellt werden, wird von Gunther Träger nach seinem Ausstieg, er hatte es bis zur Stufe OT V geschafft, so beschrieben:

Ich hab später erkannt, was damit gemeint war. Bis zur Stufe Clear (erste so genannte »Erlösungsstufe« auf der Brücke, d. Verf.) werden einem in Scientology wie in einem Trichter die unbegrenzten Möglichkeiten offeriert. Danach dreht sich der Trichter um, und das System wird zu einer geschlossenen Veranstaltung, die nur mit Druck und Einschüchterung, mit bedingungslosem Gehorsam und kritikloser Hingabe funktioniert. Wo war plötzlich die Freiheit, die doch am Ende der Brücke stehen sollte?

Der Weg bis zum so genannten Clear-Zustand ist quasi die Vorbereitung auf das, was durch das zweite Dreieck symbolisiert wird: das durch Scientology vermittelte »Wissen«, Übernahme der Verantwortung jedes Einzelnen für das System Scientology und die Akzeptanz der totalen Kontrolle über die eigene Person und die Umgebung.

Es ist also von Anfang an von Bedeutung, dass auch jedem klar ist, was Hubbard unter sozial und antisozial verstanden haben will. Neben der Ansage, dass Aktionszyklen von sozialen Persönlichkeiten abgeschlossen werden, wird diesen Menschen als Erkennungsmerkmal ins Stammbuch geschrieben, dass sie konstruktive Gruppen unterstützen und sich gleichzeitig gegen destruktive Aktionen wehren. Im Gegensatz dazu wird den antisozialen Persönlichkeiten im Schwarz-Weiß-Schema zugeschrieben, dass diese hauptsächlich kritische oder feindselige Bemerkungen verbreiten. Sie suchen sich selbstverständlich ausschließlich das falsche Angriffsziel aus und unterstützen destruktive Gruppen. Schlussfolgerung der scientologischen Indoktrination: Wenn etwas nicht so funktioniert, wie es soll, befindet sich in der Nähe eine antisoziale Persönlichkeit, die es dann herauszufinden gilt. Diesem Ziel dient der Kurs »Wie man Unterdrückung konfrontiert und zerschlägt«. Die sozialen Persönlichkeiten sind natürlich ausschließlich Scientologen, die »konstruktive« Gruppe ist Scientology. Dazu Hubbard sehr deutlich:

> Bei einer unterdrückerischen Person oder Gruppe handelt es sich um eine Person oder Gruppe, die aktiv danach strebt, die Scientology oder einen Scientologen durch unterdrückerische Handlungen zu unterdrücken oder zu schädigen.
>
> (Hubbard, L. Ron: »PTS/SP-Kurs«. Kopenhagen, 1989, S 173ff.)

Im Sinne aller Dynamiken handeln

Parallel zur Sprachentwicklung wird suggestiv die Gesamtideologie vermittelt, immer mit der Kombination: Du tust etwas für dich und damit gleichzeitig für deine Umgebung, für die Welt und – auch das wird früh vermittelt – für das Universum. Nachfragen bei den Erklärungen der so genannten Acht Dynamiken, die bei Darstellungen als »Kenntnis über das Leben« verkauft werden, finden nicht statt. Am Anfang der Scientology-Karriere sind alle mit sich selbst beschäftigt. Die meisten erwarten wohl eine Art Lebenshilfe, die sie weiterbringt, ihre Probleme löst. Davon abgesehen, dass Nachfragen ziemlich schnell die internen Wächter – namens Ethikoffiziere – auf den Plan ruft. Das Gesamtkonzept wird nicht erkannt und die Übernahme der ideologischen Ansätze ebenso wenig. Das ist der Trick. Die

Vermittlung der »Kenntnis über das Leben« beinhaltet neben den Erklärungen, dass die Erste Dynamik die einzelne Person selbst ist, die Zweite Dynamik, die Familie, Ehe und Sexualverhalten. So bezeichnet eine Out 2 D-Feststellung aus dem scientologischen übersetzt, einen Ehebruch. Nach außen wird diese Dynamik als Entwicklung von Kreativität bezeichnet. Die Dritte Dynamik, die Gruppendynamik, hat eine funktionierende Gruppe zu schaffen. Dass diese Gruppe Scientology ist (denn sie ist ja die einzige, die funktioniert und Rechte hat), erschließt sich nicht in der Darstellung nach außen, dort wird alles, was man sich denken kann, als Gruppe definiert, in der Außensprache, allerdings doch schon mit dem Hinweis, dass Gruppen danach trachten, als Gruppe zu überleben.

Ohne Kenntnis der scientologischen Sprache wird dieses unverständlich, und das soll es auch sein. Die Vierte Dynamik ist die Menschheit, als Gattung Menschheit bezeichnet. Bei der Fünften Dynamik, als Lebensformen bezeichnet, finden sich Pflanze und Tier. Wer weiß schon, wie viele dem Umwelt- oder Tierschutz verschriebene Menschen sich durch plakative Äußerungen wie: »Die Fünfte Dynamik ist Lebensformen … Sie ist das Streben jeglicher Lebensform nach Überleben, das Interesse am Leben als solchem« haben anwerben lassen. Ab der Sechsten Dynamik kommt dann bereits die Weltallodyssee durch: das physikalische Universum. Hier bereits die für alle Scientologen im Werdegang immer wieder zu verinnerlichenden Punkte: Materie, Energie, Zeit und Raum. Die Siebte Dynamik präsentiert den Thetan, in den Darstellungsschriften als spirituelle Dynamik bezeichnet, als Lebensursprung. Und schließlich die Achte Dynamik, bezeichnet als der Drang als Dasein als Unendlichkeit. Bei der Darstellung auch ein neugierig machender Hinweis: »Deshalb wird man laut L. Ron Hubbard erst dann, wenn die Siebte Dynamik in ihrer Gesamtheit erreicht ist, … die wahre Achte Dynamik entdecken«. Klingt doch spannend. Der Weg ist offen zur Beherrschung der Unendlichkeit, was auch jeder Einzelne darunter verstehen mag.

Die Lehre über Acht Dynamiken beinhaltet praktisch in Kurzform das, was den Scientologen erwartet. Erst wenn er für sich alles geklärt hat, für seine Umgebung, öffnen sich die weiteren Türen. Dass dieser Weg nur unter bedingungslosem Gehorsam und unter ständiger Kontrolle stattfindet, erschließt sich erst im Laufe der Zeit, und dann ist es zu spät.

Ein weiteres Detail, das die Thetane im System erlernen und natürlich auch anwenden müssen, ist die so genannte »Tonskala«. Bei Scientology liest sich die Beschreibung so:

> Ein weiteres Instrument der Scientology, das im täglichen Leben verwendet wird, ist die Tonskala. … Die Tonskala erläutert präzise, wie man am besten mit ihnen kommuniziert und ihnen hilft.

Mit Erlernen dieser Skala wird verbunden, menschliche Reaktionen einzustufen, ihnen die vorgegebenen ablesbaren emotionalen »Zustände« zuzuordnen. Zum Beispiel steht für den Skalawert 0,03 der Begriff »nutzlos«. Es gibt also anscheinend nutzlose Menschen, für was nutzlos, für wen? Wer weiß das schon! Eine Person mit der Zuordnung 0,3 gilt danach als »unwürdig«. Bei der Einstufung 1,1 hat der Scientologe »versteckte Feindseligkeit« zu diagnostizieren. Die höchste und damit für alle Scientologen erstrebenswerte Stufe für sich, seine ihm nahestehenden Menschen und seine Umgebung ist 40,0. Diese Skalahöhe bedeutet laut Hubbard: heitere Gelassenheit des Seins, das prägende Merkmal der Person.

Mit der Einstufung von Menschen in diese Skala ist aber auch gleich nachlesbar, welche Eigenschaften die so eingeschätzten Menschen haben. Die mit »versteckter Feindseligkeit« gehören wohl zu den aussichtslosesten Fällen, denn diesen werden in Scientology als übel und schlecht angesehene Eigenschaften zugeordnet. So sind diese versteckten Feindseligen laut Hubbard häufig homosexuell. Homosexualität als feindseliges Merkmal gegenüber dem Menschen, der das nach scientologischen Methoden festgestellt haben will. Diskriminierung à la Hubbard.

Wer möchte nicht gerne sein Gegenüber durchschauen und reagieren können? Die Werbeschriften verheißen, auf schnell erlernbarem Weg Menschen einzuschätzen, und mehr, sie versprechen fast hellseherische Fähigkeiten:

Für das Leben und seine Beziehungen ist die Tonskala von großem Wert. L. Ron Hubbard hat das menschliche Verhalten sehr gründlich erforscht, und seine Arbeit in diesem Bereich liefert eine exakte Beschreibung der Einstellungen und Verhaltensweisen des Menschen. Wenn man weiß, wo sich jemand auf der Tonskala befindet, kann man seine Handlungen vorhersagen.

(New Era Publications International [Hrsg.]: »Was ist Scientology?«. Kopenhagen, 1998, S. 76)

Einer der wirklich wahren Sätze von Hubbard:

Sie beginnen ein Abenteuer. Behandeln Sie es als Abenteuer.
Und mögen Sie nie wieder derselbe sein.

(Hubbard, L. Ron: »Dianetik. Die moderne Wissenschaft
der geistigen Gesundheit«. Kopenhagen, 1984)

Der letzte Satz ist bitterernst gemeint. Wer angeworben
werden soll für das ihn vollständig verändernde Abenteuer, weiß natürlich nicht, was Hubbard im Hinblick auf eine
der bekanntesten Anwerbemethoden, den so genannten
Oxford Capacity Analysis (OCA) Test geschrieben hat. Er
hebt ab auf Bedürfnisse, die in vielen schlummern und mit
denen man sie ansprechen und neugierig machen kann.

Das Durchführen von Tests bewegt sich aus dem psychologi-
schen Bereich hinaus und in die Vorhersage der Zukunft ...
Wir werden den Aberglauben der Menschen an Voraussagen
voll ausnutzen.

(Hubbard, L. Ron: »HCO PL. New Testing Promotion Section«. 28.10.1960)

Wir haben dich lieber tot als unfähig

Aus politischen Systemen, die als undemokratisch oder
auch als totalitär eingestuft werden, führt immer wieder ein
Element auch zu dieser Einschätzung: Schutz der Ideologie
durch Kontrolle. Organisierte Kontrolle in einer Gruppe
bringt häufig auch Verunsicherung und Angst für die einzelnen Menschen mit sich. Funktioniert ein Kontrollsystem,

ist es schwer, von außen die Menschen innerhalb auf die Unfreiheit, die sich auch aus der Kontrolle ergibt, aufmerksam zu machen und zu verändertem Handeln zu bewegen. Besonders schwer wird es dann, wenn den betreffenden Personen in den für die Mitglieder bestimmten Veröffentlichungen die Kontrolle als Instrument für die angestrebte Freiheit vermittelt wird. Unter der Überschrift »Der Preis der Freiheit« wird L. Ron Hubbard zitiert:

Ständige Wachsamkeit, ständige Bereitschaft zurückzuschlagen, um keinen anderen Preis ist sie zu haben.

(Scientology Kirche Bayern e.V.: »Ursprung. Zeitschrift der Scientology Kirche Bayern e.V.«. München, 2005, S. 3)

In der Scientology-Organisation ist das eingeführte Kontrollsystem nach innen und nach außen ein weiterer Baustein, der die Scientologen für die Organisation denken und handeln lässt.

Ein durchorganisiertes Management hilft, trotz gelegentlicher Katastrophen, getragen von nicht unerheblichen finanziellen Ressourcen, die Struktur aufrechtzuerhalten. ... Und wahrscheinlich müssen wir erst diktatorische Militärregierungen zum Vergleich heranziehen, um dem Organisations- und Gehorsamsgrad der Scientology gerecht zu werden.

(Voltz, Tom: »Scientology und (k)ein Ende«. Düsseldorf, 1995, S. 40)

Hineinwachsen in das Kontrollsystem kommt mit verschiedenen Mitteln daher. Eines davon ist die Maßgabe von Hubbard, dass bei richtiger Anwendung der Scientology von allen Aktiven immer höhere »Statistiken« produziert werden. Danach kann es nur immer bergauf gehen, Rückschläge sind einzig und allein auf die Tatsache zurückzuführen, dass irgendjemand nicht linientreu funktioniert. Hohe Statistiken, also hoher Verbreitungsgrad auf allen Ebenen, dafür arbeiten und kämpfen die Scientologen untereinander und stehen damit in Konkurrenz. Alljährlich werden die Personen und Einheiten, die dem obersten Management »bewiesen« haben, dass sie erfolgreich waren, ausgezeichnet. Einer der Begriffe, der die Menschen immer weiter zum gegenseitigen Wettkampf anspornt, ist das so genannte »Geburtstagsspiel«. Der Geburtstag von L. Ron Hubbard ist der Tag im Jahr, an dem die Gewinner ausgezeichnet werden. Das Wort Geburtstagsspiel, ein harmlos scheinender Begriff für die interne Motivation, immer besser als die anderen im System zu sein oder zu werden. Die Gewinner dieses Spieles sind diejenigen, die für die Expansion gesorgt haben. Die Berechnung dieser Statistik kann in immer mehr Menschen, die angeworben wurden, bestehen, in hohen Geldeinnahmen, zum Beispiel über Spenden an die International Association of Scientologists (IAS), die mit Auszeichnungen wie »Patron« belobt werden, oder in Vergabe der Freiheitsmedaille für Personen, die durch ihren Einfluss das Ansehen der Organisation verbessert oder gefestigt haben. Diese Auszeichnung genießen sehr häufig die Prominenten in der Organisation wie Chick Corea oder Tom Cruise. Das Instrument der Statistik führt aber auch dazu, dass alle gegenseitig aufeinander achten, damit niemand die angestrebten Gewinnchancen beim Geburtstagsspiel vergeudet. Das Zauberwort für die gegenseitige Kontrolle heißt »Knowledge-Report«, also

»Wissensbericht«: Berichte über andere zu schreiben, dem Management mitzuteilen, was einem aufgefallen ist. Jeder kontrolliert jeden, und mit der Aufforderung, dieses auch mitzuteilen, erhöhen sich nicht nur das Misstrauen und der Druck untereinander, sie gibt dem Management auch die Möglichkeit zu erfahren, wer im Sinne des Systems funktioniert und wer nicht. Wie immer, wenn Personen aufgefordert werden bzw. es zum System gehört, auf andere und ihre Funktionsfähigkeit zu achten, wird es wohl auch in Scientology den einen oder anderen geben, der über das Mittel der Wissensberichte sein eigenes Licht zu Lasten eines anderen heller leuchten lassen möchte.

> Jeder in Scientology ist verpflichtet, unter bestimmten Bedingungen »Wissensberichte« zu verfassen.
>
> (Voltz, Tom: »Scientology und [k]ein Ende«. Düsseldorf, 1995, S. 44)

Welche Bedeutung dieses Berichtssystem für die Organisation hat, ist von Hubbard für seine Verhältnisse auch für Außenstehende unmissverständlich beschrieben:

> Es ist von größter Wichtigkeit, dass Wissensberichte geschrieben werden ... Wenn Sie etwas sehen, das die Expansion der Organisation bedroht, oder wenn Sie jemanden entdecken, der versucht, den Fortschritt der Scientology zu behindern, dann berichten Sie darüber Ihrem lokalen Ethik-Offizier, damit die Angelegenheit von den verantwortlichen Personen untersucht werden kann ... Es ist das Versäumnis der einzelnen Gruppenmitglieder, ihre Gefährten nicht zu kontrollieren, wodurch es für alle Gruppenmitglieder schwer wird, miteinander zu leben und

zu arbeiten … Und erhalten Sie dafür eine wirkliche Gruppe, die gemeinsam ihre Umgebung kontrollieren kann und erfolgreich ist, weil ihre einzelnen Mitglieder helfen, sich gegenseitig zu kontrollieren.

(Voltz, Tom: »Scientology und [k]ein Ende«. Düsseldorf, 1995, S. 45)

Das interne Kontrollsystem ist also das Ethiksystem, die Ethikabteilung, die es überall in der Welt, in allen »Kirchen« gibt. Der Ethik-Offizier oder die Ethik-Offizierin sind die Personen, die bei festgestelltem Fehlverhalten eingreifen.

Abweichler, Andersdenkende und sich kritisch Äußernde geraten sehr schnell in die »Ethik-Abteilung« der Scientology. In krassen Fällen werden sie sofort vom Rest der Organisation, also auch ihren Mitstudierenden, abgeschottet. Im Notfall wird Hausverbot oder auch Redeverbot erteilt. Es heißt dann: »Dein einziger Ansprechpartner ist der Ethik-Offizier.« Wer sich trotzdem noch kritisch bei Freunden (Mit-Scientologen) äußert, riskiert, eine so genannte »Nichtaufwühlungs-Anordnung« zu erhalten. Ihm wird der Mund verboten, da er andere »aufwühlt«.

(Voltz, Tom: »Scientology und [k]ein Ende«. Düsseldorf, 1995, 43f.)

Aber nicht nur die örtlichen Oberscientologen sind über die regionalen Fehlentwicklungen zu informieren. Denn auch diese können ja in Gefahr geraten, von den Linien abzuweichen. Es ist also sicherzustellen, dass das Internationale Management auch erfährt, was in der Scientology-Welt so los ist. Folgerichtig findet sich in fast allen weltweit erscheinenden regional und überregional unterschiedlichen Mitgliedsheften die Aufforderung, die oberste Einheit, das so genannte Religious Technology Center (RTC) in Los Angeles zu informieren. Früher per Post, heute wird auch der sichere Weg online angeboten.

Was ist denn nun für die oberste Ebene von Interesse? Nun, genau das, was auch in den regionalen Einheiten interessiert: Out-Tech. Die alles umfassende und an- und umzusetzende Technologie des L. Ron Hubbard. Nur, wenn die »Tech« drin ist, scientologisch ausgedrückt, ist die ungehinderte Expansion gesichert. Also dreht sich alles um die Hubbard-Technologie: Die Verwaltungstechnologie, die Studiertechnologie usw. Out-Tech ist somit eine schwere Verfehlung. In dieser kleinen Abkürzung ist für alle Scientologen gesagt, was nicht sein darf: Abweichen vom korrekten Anwenden der Technologie. Die Aufforderung für die Berichte an das RTC macht deutlich, worum es geht:

Wissensberichte sind auf allen Stufen der Scientology von unschätzbarem Wert und so auch für das Religious Technology Center. Falls Sie auf Out-Tech, Squirreln (Scientology-Wortschöpfung für absichtliches Verändern der »Technology«, d. Verf.) unautorisierte Verwendung von Materialien oder Marken stoßen, oder jemand Ihnen rät, keine Wissensberichte an RTC zu schreiben, oder im Falle irgendwelcher anderer kirchlicher Schwerverbrechen, wie im Buch »Einführung in die Ethik der Scientology« beschrieben, oder unterdrückerischer Handlungen, sollten Sie bezüglich solcher Angelegenheiten direkt mit uns kommunizieren.

(Scientology Kirche Bayern e.V.: »Ursprung. Zeitschrift der Scientology Kirche Bayern e.V.«. München, 2005, S. 14)

Von ganz oben bis ganz unten, das Kontrollsystem ist komplett durchorganisiert. Out-Tech, Fehlverhalten schon im Ansatz zu erkennen ist natürlich nur möglich, wenn nicht nur das entsprechende Buch gekauft und möglichst gelesen wird, sondern vor allem, wenn der entsprechende Kurs absolviert wird. Denn nur dieser garantiert, dass verinnerlicht wird, wie man »Unterdrückung« erkennt und zerschlägt. Die Unterdrücker können natürlich überall sitzen. In der Werbebotschaft für diesen Kurs heißt es:

> Sie (die Unterdrücker, d. Verf.) befinden sich unentdeckt unter uns und verstecken sich hinter Masken, die sie sozial erscheinen lassen – Masken, die überzeugender sind als die besten Spezialeffekte in der Filmindustrie. Es gibt jedoch eine Tech, um diese Fassade zu zerschmettern und das wahre Gesicht der Unterdrückung in allen Einzelheiten zu enthüllen.
>
> (Scientology Kirche Bayern e.V.: »Ursprung. Zeitschrift der Scientology Kirche Bayern e.V.«. München, 2005, Deckblatt Rückseite)

Interne Zeitschriften drucken – allerdings meistens nur mit abgekürzten Buchstaben – Jubelberichte über den Erfolg eines Kurses ab. Da wird bestätigt, dass nach Abschluss des Kurses endlich die Familie »gehandhabt« ist, endlich in der Firma alles technologisch läuft, endlich erkannt wurde, dass man die Tech nicht richtig angewandt hatte und doch mit Unterdrückern in Verbindung stand. Nun, nach dem Erlernen der Fähigkeit, genau diese Bösewichte erkannt zu haben, ist der Weg frei, die Brücke zügig und schnell zu erklimmen.

Der Kurs kann durchaus immer wieder gemacht werden, denn immer und immer wieder kann es ja passieren, dass aus der nichtscientologischen Welt Irritationen bei dem Einzelnen aufkommen oder auch intern ein Kontakt zu einem scientologischen Freund, der sich später als Unterdrücker herausstellt (zum Beispiel, weil er die Organisation verlässt) den eigenen Werdegang behindert. Dann folgt in der Regel der PTS/SP-Kurs, als Lösung auch für in Zweifel geratene Mitglieder.

Vermittelt wird damit natürlich auch, was als Vergehen, Verbrechen und Schwerverbrechen anzusehen ist. Das scientologische Rechtssystem wird übernommen und damit auch das, was Hubbard unter »fair game« verstanden hat: Eine unterdrückerische Person oder Gruppe wird zum Freiwild. In der Bedeutung von Denken und Handeln eines Scientologen gilt damit, dass Personen, die sich aktiv gegen Scientology betätigen, nach den »ethischen« Definitionen des Systems rechtlos sind. Im Umkehrschluss bedeutet dieses auch, dass selbst massivste Straftaten gegen definierte Gegner nicht als »unterdrückerische Handlung« im Sinne der Scientology-Ethik zu bewerten sind. Der Schutz der Hubbard´schen Technologie und damit des Systems hat Vorrang vor allem anderen. Wer so gepolt wurde, hat es schwer, die Unfreiheit im System zu erkennen. Angstfrei geht wohl niemand, denn einmal zum Unterdrücker erklärt, kommt die Furcht, es mit der für die Abwehr nach außen zuständigen Abteilung zu tun zu bekommen, dem Office of Spezial Affairs, Abkürzung OSA. Aus dem Hause der Abwehrabteilung der Organisation nach außen stammt eine Führungsanweisung an alle Arten der Abteilungen in den so genannten Orgs der Welt. Aus dem Jahr 1989 stammend mit dem Titel PTS-Handhabungsmappe, Durchführungsprogramm.

In dieser Anweisung wird darauf hingewiesen, dass an alle »Orgs« auf dem Planeten eine Mappe zur PTS-Handhabung verschickt wurde. Der Titel dieser Mappe: »Fakten und bestätigende Unterlagen über die Scientology-Kirche.« Erstellt wurde sie, so die weitere Darstellung, im »Einklang mit der HCOPL vom 21.11.1972 PR Serie 18. Wie man schwarze Propaganda handhabt«. Und dann der unmissverständliche Auftrag:

»JEDER FREUND, JEDER MEINUNGSFÜHRER, JEDER IHRER MITARBEITER SOLLTE MIT EINER DEAD-AGENTING-MAPPE VERSORGT WERDEN, DIE BEWEISE GEGEN DIE ÜBLICHEN GERÜCHTE ENTHÄLT (SOWIE BROSCHÜREN UND COACHEN, UM DAS VAKUUM ZU FÜLLEN)«. (Großschreibung im Original, d. Verf.)

(Office of Special Affairs: INT ED 570, 07.02.1989)

Das Ziel dieser Informationen ist eindeutig: Wenn Argumente gegen Scientology vorgebracht werden, sollen alle in die Lage versetzt werden, dem entgegenzutreten. Der Hinweis auf Freunde und Meinungsführer deutet ziemlich unvermissverständlich darauf hin, dass diese Propagandamappen nicht nur an die internen Mitarbeiter gegeben werden sollen, sondern auch an diejenigen, die man außerhalb des Systems für Propagandazwecke benutzen kann. Wahrscheinlich handelt es sich hierbei um die Personen, die bisher aus scientologischer Sicht unkritisch mit der Organisation umgegangen sind, oder die Kritik und Berichte von Betroffenen infrage gestellt haben und somit bewusst oder unbewusst zu Lobbyisten der Organisation geworden sind. Nur so macht der Hinweis auf Freunde einen Sinn. Jeden Meinungsführer damit zu beglücken, deutet darauf hin, dass diese Mappe als geeignet eingestuft wird, als Abwehrargumentation bei Problemen eingeführt zu werden.

Dass diese verteilte Mappe dafür geschaffen wurde, wird auch unumwunden zugegeben. Sie ist zu verwenden für innere und äußere PTS-Situationen, also als Gegenwehr für potentielle Schwierigkeitsquellen, die ja bekanntlich überall und immer wieder auftreten können:

Die Mappe ist zur Verwendung durch DSAs (deutsche Bezeichnung der OSA, Department für Spezielle Angelegenheiten (DSA), d. Verf.), Ethik Verantwortliche, Kapläne, Abteilung 2 und Abteilung 6 Registrare und jegliche andere Mitarbeiter bestimmt, die PTS A-Mitarbeiter und Gemeindemitglieder handhaben, die Entheta Mitteilungen (Scientologybegriff für kritische Berichterstattung) von ihren Freunden, Verwandten oder anderen Personen aus der Öffentlichkeit erhalten haben.

Eine besondere Sorge gilt dabei anscheinend denjenigen, die sich von der Organisation abgewandt haben und nun auf die Idee kommen, Gelder von der Organisation zurückzuverlangen. Denn eindeutig sollen die Linientreuen geschult werden, diese Ansprüche abzuwehren. Die Begründung dafür wird geliefert:

Es ist festgestellt worden, dass ungehandhabte PTS-Situationen ein Hauptgrund für Rückerstattungs- und Rückzahlungsbegehren sind, und einer der Gründe, weshalb eine PTS-Situation manchmal nicht in Ordnung gebracht wird, ist, dass es an Dead-Agenting-Unterlagen fehlt, um die falschen Berichte oder feindlichen Propagandalinien (enemy lines) zu handhaben, die der Person, die PTS ist, von einem antagonistischen Terminal vermittelt werden.

Wir hätten es nicht mit Scientology zu tun, wenn nicht die Anwendung genau vorgeschrieben wäre und vor allem, wenn nicht darüber, wie etwas gelaufen ist, Bericht zu erstatten wäre.

So heißt es unter Punkt 10 in diesem »Handhabungsprogramm«:

Nach erfolgreichem Abschluss der Handhabung der feindlichen Propagandalinie lassen Sie den Ethik-Beauftragten oder anderen handhabenden Terminal die Person fragen, ob sie gerne ihre Gewinne aus der Anwendung der Tech niederschreiben möchte … Schicken Sie Kopien dieser Erfolgsberichte an den DA Officer PR OSA Int. mit einem Durchschlag an Ihren Cont A/PR Aide.

Dieses gilt nicht nur innerhalb der Organisation für Mitglieder oder sich lösende Menschen, sondern auch für die bereits genannten Meinungsführer oder ihr Umfeld, wenn von dort Gefahr droht, dass kritische Äußerungen oder Handlungen zu befürchten oder bereits eingetreten sind.

Das entsprechende Scientology Personal wird unter Punkt 17 dieser Richtlinie angewiesen, Folgendes zu tun:

Erstellen Sie eine Liste der Meinungsführer (Opinion Leader) oder der Target Defense-Zielgruppen in Ihrem Umfeld, die falsche Berichte abgegeben oder feindliche Propagandalinien geäußert haben, die bei Ihnen nicht völlig in Ordnung gebracht wurden. Wählen Sie eine Person aus, und kopieren Sie den Teil der Dokumentation, die den falschen Bericht oder die feindliche Propagandalinie handhaben würde.

Das Office of Special Affairs für die Gefahrenabwehr von außen, egal was als Gefahr gewertet wird, sei es das Begehren eines ehemaligen Anhängers nach Feststellung, dass das Programm bei Scientology nicht den versprochenen Erfolg gehabt hat, oder kritische Äußerungen oder Presse, es gilt alles dieses zu unterbinden. Die Erfahrung zeigt, dass alle, die mit der Organisation in Berührung kamen, als Freunde, Verwandte, oder beruflich als Journalisten, Weltanschauungsbeauftragte der christlichen Kirchen, in privaten Vereinen engagierte Personen, die sich mit so genannten Sekten oder Psychogruppen befassen, oder staatlich Beauftragte mit nach dieser Anweisung geschulten Scientologen zu tun bekommen.

Ein Markenzeichen von totalitär organisierten Systemen ist die Kontrolle. Kontrolle der eigenen im System lebenden Menschen, aber wenn möglich auch die Kontrolle über die Außenwelt und die Kenntnis darüber, wann und wie es einerseits Möglichkeiten gibt, das eigene System positiv darzustellen und Kritik über Desinformation abzuwehren und andererseits auch zu erkennen, wann eine Situation da ist, um den eigenen Machtanspruch zu vergrößern.

Zusammenfassend ergibt sich aus den genannten Merkmalen: Inoffizielle Mitarbeiter waren Personen, die mit dem Staatssicherheitsdienst in der Regel eine Vereinbarung getroffen hatten, konspirativ für ihn zu arbeiten. Zu ihren Aufgaben gehörten das Sammeln von Informationen, die Unterstützung bei der »Feindbekämpfung«, die Einflussnahme auf gesellschaftliche Entwicklungen und logistische Hilfestellungen.

(Müller-Enbergs, Helmut [Hrsg.]: »Inoffizielle Mitarbeiter des Ministeriums für Staatssicherheit. Richtlinien und Durchführungsbestimmungen«. Berlin, 2001, S. 12f.)

So viel über die Informationssammlung im DDR-Staat. Die Definition der Aufgaben bei der Feindbekämpfung à la Hubbard liest sich im »Handbuch des Rechts« nicht viel anders:

Nachrichtendienstarbeit ist daher die Tätigkeit, die Daten sammelt und sie summiert, damit wir unsere Freunde von unseren Feinden unterscheiden können und damit wir in jeder gegebenen Situation die Verursacher des Ärgers herausfiltern können.

Im Verfahren der Scientology Kirche Deutschland e.V. gegen die Bundesrepublik Deutschland, Bundesamt für Verfassungsschutz, in dem die Scientology-Organisation gegen die Beobachtung durch das Bundesamt für Verfassungsschutz klagt, ist das Verwaltungsgericht Köln bei der Abweisung der Klage der Scientology in seiner Begründung auch auf den Umgang mit Kritik eingegangen:

So ist es für verfassungsfeindliche Personenzusammenschlüsse bezeichnend, dass sie ihre Gegner verunglimpfen und verleumden und ihnen damit implizit die Menschenwürde absprechen. … Ausdruck des menschenverachtenden Weltbildes von Scientology ist es schließlich, dass »unterdrückerische Personen« bzw. »Unterdrücker«, also Gegner von Scientology, durch Zwang entfernt werden (7) bzw. möglichst ruiniert werden sollen (30) und als »Freiwild« bezeichnet werden, das seines Eigentums beraubt, verletzt, hereingelegt, belogen oder zerstört werden darf (31). Zwar ist die sog. Freiwild-Doktrin mittlerweile aufgehoben worden, dies aber allein aus Gründen der schlechten Public Relations (32). Die Erklärungsversuche von Scientology, nach denen die Freiwild-Doktrin allein auf Rechte innerhalb Scientology bezogen gewesen sei (33, 34), sind nicht nachvollziehbar, nachdem die Freiwild-Doktrin eindeutig auch auf eine Schädigung in der bürgerlichen Sphäre abzielte (»seines Eigentums beraubt, verklagt, verletzt, belogen, zerstört), was im Übrigen durch Text 30 bestätigt wird.

(Verwaltungsgericht Köln 20K 1882/03, Urteil vom 11.11.2004, S. 33)

Im Urteil des Verwaltungsgerichtes Köln im Hinblick auf das gegen das Grundgesetz der Bundesrepublik Deutschland gerichtete Denken und Handeln durch Scientology wird ein Pfeiler des totalitären Organisationstyps deutlich.

Ein wichtiges Kennzeichen totalitärer Organisationen ist ein in Gut und Böse unterteiltes, simples Menschenbild, das die eigene Gruppe radikal überhöht und die übrigen herabwürdigt. Ein solches Menschenbild widerspricht dem Gleichheitsideal demokratischer Verfassungen, und es liefert die Grundlage einer Rechtfertigung von Gewalt. Bei SC (Scientology, d. Verf.) findet man ein Menschenbild, das in grotesker, herablassender und verachtender Weise eine gefährliche Trennung zwischen Gut und Böse vornimmt ... Das Gewaltpotential ist ein bedeutsamer Faktor, der im ideologischen System der SC fest verankert ist.

(Jaschke, Hans-Gerd: »Fundamentalismus in Deutschland.
Gottesreiter und politische Extremisten bedrohen die Gesellschaft«.
Hamburg, 1998, S. 234ff.)

In der internen Anweisung des PTS/SP-Kurses mit der Überschrift »Die Funktionsfähigkeit der Scientology erhalten« endet ein Abschnitt mit einem Satz, der diesen Anspruch der Organisation ausdrückt:

Jetzt werden wir dich zu einem fachmännischen Auditoren machen, was auch immer geschieht. Wir haben dich lieber tot als unfähig.

Von Krankheit, Tod
und den erkannten bösen Mächten

Reinwaschung nach Hubbard

»Vor der Sauna musste ich die Pillen einnehmen, zunächst nur wenige, später Hände voll davon … Ich erinnere mich an hohe Konzentrationen von Vitamin A, B2, B6, B12, D, C und E. Aber wenn mir schwindlig wurde, wenn die Haut sich rötete, woher sollte ich wissen, ob das von der Sauna gekommen ist oder von den Vitaminen?« Im Juli 1991 schildert eine ehemalige Scientologin in der Zeitschrift »Vital« ihre Erfahrungen mit dem so genannten »Reinigungsprogramm« in Scientology. Wie es sich für eine Zeitschrift im Gesundheitsbereich gehört, wird erklärt, welche Auswirkungen hohe Vitamineinnahmen haben können:

Wie alle Medikamente können auch Vitamin-Präparate in zu hoher Dosierung gesundheitsschädlich wirken. Nach Auskunft einer pharmazeutischen Prüfstelle sind Überdosierungen bei Vitaminen des B-Komplexes »nicht unbedenklich«. Bei Vitamin B6 sind neurologische Störungen beobachtet worden. Zu den Nebenwirkungen bei Vitamin A und D gehören Sehstörungen, verminderte Konzentration, Übelkeit.

Das Reinigungsprogramm der Scientology-Organisation. Sehr früh auf der allein seligmachenden Brücke findet sich das Reinigungs-Run-Down. Laufen, verbunden mit stundenlangen Saunagängen und eben Einnahme von Vitaminen in immer höherer Dosierung, tagelang, manchmal über Wochen.

Abgeleitet von den Thesen Hubbards, dass alle Drogenrückstände aus dem Körper entfernt werden müssen, damit der Thetan befreit werden kann. Alle Medikamente behindern den Werdegang. Die von ehemaligen Mitgliedern häufig beschriebene Hautrötung während des Saunaaufenthaltes wird intern als Argument benutzt, dass die Ziele erreicht werden. Die Gesundung des Thetans macht sich also körperlich sichtbar deutlich.

Das Reinigungsprogramm als Bestandteil des persönlichen Weges ist Gesamtbestandteil der Ideologie Hubbards. Seine Versprechungen über den Erfolg dieses Programms gehen bis zur Aussage, dass die Absolventen vor Atomstrahlen geschützt sind. Die Weltraumphantasie, die Atombombe befinde sich in Händen der intergalaktischen Feinde, findet also auf den ersten Stufen der persönlichen Freiheit seinen Eingang in die scientologisch zu trainierenden Hirne. Der Theorie entsprechend findet sich in den Kursunterlagen auch die von Hubbard beschriebene Verbindung des Reinigungs-Run-Down mit dem Atomkrieg. Vorausgesetzt, die Absolventen des Kurses halten sich konsequent an die vorgegebenen Anweisungen, werden, so Hubbard, die Scientologen diejenigen sein, die sogar einen Atomkrieg überleben können. Wörtlich heißt es bei ihm:

Und das zeigt die interessante Möglichkeit auf, dass in Gebieten, die in einem Atomkrieg schweren radioaktiven Niederschlägen ausgesetzt sind, nur Scientologen ihrer Tätigkeit nachgehen werden.

(Hubbard, L. Ron: »Die Reinigungs-Run-Down-Serie«.
Kopenhagen, 1986, S. 3)

Eine besondere Bedeutung misst Hubbard dem NIACIN zu, das in gesteigerten Mengen während der Saunagänge einzunehmen ist. Laut eigenen Angaben hat Hubbard die phänomenalen Eigenschaften des NIACIN erforscht und damit für die Errettung der Menschheit für gut befunden. In der Einleitung zum Reinigungsprogramm unter der Überschrift »NIACIN: Geschichtlicher Hintergrund«, beschreibt er, welche Art von Erkenntnissen er erlangt hat:

Im Jahre 1973 bekam jemand einen Nobelpreis für das Heilen von Geisteskrankheiten mit NIACIN, aber es war ziemlich offensichtlich, dass er nicht wusste, was tatsächlich passierte, denn es wurde sofort wieder fallengelassen, da Leute feststellten, dass fortgesetzte Mengen von NIACIN »sehr schlimme Nebenwirkungen verursachten«. In Wirklichkeit werden die schlimmen Wirkungen verschwinden, wenn man mit der Einnahme von NIACIN weitermacht – und zwar immer zusammen mit den anderen notwendigen Vitaminen in richtigen Mengen. Mit anderen Worten, meine Arbeit auf diesem Gebiet wurde aufgegriffen, falsch angewendet und dann fallengelassen. Das ist der geschichtliche Hintergrund von NIACIN.

(Hubbard, L. Ron: »Die Reinigungs-Run-Down-Serie«.
Kopenhagen, 1986, S. 18)

Selbstverständlich hat es Hubbard nicht nötig, seine Thesen zu belegen. Außerdem ist davon auszugehen, dass nicht ein Mitglied der Organisation jemals hinterfragt hat, um welchen Nobelpreisträger es sich 1973 gehandelt haben könnte. Unwichtig, die Botschaft ist alles. Der Heilsversprecher über Vitamine ist L. Ron Hubbard. In den Schriften wird zwar durchaus gewarnt vor zu hoher Einnahme, und bestimmte Personen haben Schwierigkeiten, das Programm sofort zu absolvieren, aber die Botschaften sind eindeutig: Es werden nicht nur hinderliche Substanzen aus dem Körper entfernt, sondern es gibt auch Heilung von schlimmen Krankheiten. Auch bei den Heilsversprechen kommt dem NIACIN hohe Bedeutung zu. Nach Hubbards Theorie und damit in der täglichen Anwendung in der Scientology-Organisation weltweit, kann die Einnahme von NIACIN sehr unangenehme Folgen haben. Diese gilt es – so das Versprechen – zu ignorieren, denn laut Hubbard zeichnet sich das NIACIN durch eine entscheidende Wirkung aus: Was es auslöst, wird auch wieder verschwinden.

... IST ES EINE ERWIESENE TATSACHE – WAS NIACIN BETRIFFT –, DASS DAS, WAS ES EINSCHALTET, ES AUCH WIEDER AUSSCHALTET. (Großschreibung im Original, d. Verf.)

> (Hubbard, L. Ron: »Die Reinigungs-Run-Down-Serie«.
> Kopenhagen, 1986, S. 19)

So erfährt der Scientologe auf dem Weg in das Reinigungsprogramm – vorausgesetzt, er liest überhaupt vorher das Kursmaterial –, dass NIACIN-Einnahme und daraus sich entwickelnde Krankheitsbilder keine Grenzen haben.

Ich habe gesehen, wie sich bei einem Fall ein voll entwickelter Hautkrebs einstellte und ausgelöscht wurde. Eine Person kann also damit (NIACIN, d. Verf.) Hautkrebs einschalten, und falls dies passieren sollte, wird, wenn NIACIN weiterhin genommen wird, der Hautkrebs nach und nach vollständig zum Verschwinden gebracht.

(Hubbard, L. Ron: »Die Reinigungs-Run-Down-Serie«.
Kopenhagen, 1986, S. 19)

In der nach außen gerichteten Darstellung wird selbstverständlich nicht vom Atomkrieg fabuliert und werden keine Heilsversprechen gemacht. Hier wird aufgenommen, was in der gesellschaftlichen Diskussion ist. Unter dem Stichwort »Lösungen für eine mit Schadstoffen belastete Umwelt« wird versucht zu vermitteln, dass Hubbards Verfahren auch dem Kampf gegen die Umweltverschmutzung dienen kann. Wem als Ansprache das Thema Umweltschutz nicht genügt, wird auch damit bedient, dass spirituelle Freiheit durch die scientologische Reinigung erreicht werden kann. Die Zielrichtung ist hier die gleiche: Menschen bei einem auch in der Öffentlichkeit diskutierten Thema anzusprechen und neugierig darauf zu machen, was Hubbard und seine Organisation zu bieten haben.

Da das Reinigungsprogramm fester Bestandteil des Weges in der Organisation ist, ist für alle Scientologen klar, dass es für jeden irgendwann zu absolvieren ist. Dann natürlich auch für Kinder und Jugendliche. Darüber, welche gesundheitlichen Gefahren den Personen, die die vorgegebenen Mengen im Reinigungsprogramm einnehmen, drohen und über eine besondere Gefährdung von Kindern hat bereits

1986 die chemische Landesuntersuchungsanstalt in Karlsruhe berichtet. Als Grundlage hierfür wurden die in der Scientology zum Reinigungsprogramm üblichen Dosierungen untersucht. Unter Bezugnahme auf Kommentare zum Europäischen Arzneibuch zur Einnahme von Vitamin A steht in diesem Gutachten Folgendes:

Bei akuter Überdosierung treten als Zeichen eines erhöhten Hirndruckes Kopfschmerzen, Übelkeit und Erbrechen auf. Bei länger andauernder überhöhter Dosierung kommt es zu Schlafstörungen, Appetitlosigkeit, Hautschuppung, Haarausfall, blutenden Rhagaden an Haut und Schleimhäuten, ferner infolge periostaler Schwellungen zu Schmerzen an Knochen und Gelenken. Im wachsenden Körper wird infolge vorzeitigen Epiphysenverschlusses wegen verstärkter Knochenbildung das Längenwachstum gehemmt. Bei Kindern, deren Mütter während der Schwangerschaft überhöhte Dosen des Vitamins einnahmen, wurden Missbildungen beobachtet.

Die Gefahr für Schwangere war sogar Hubbard geläufig. So empfiehlt er, Schwangere nicht mit dem Programm beginnen zu lassen. Stellt sich die Frage, was ist mit den Frauen, die erst im dritten Monat ihre Schwangerschaft feststellen und sich seit Tagen im Programm befinden? Die Begründung, warum schwangere Frauen bis nach der Entbindung warten sollten, ist dann auch nicht die mögliche Gefährdung des heranwachsenden Babys durch die hohen Vitamineinnahmen, nein, nach Hubbard sind die nach seiner Theorie in jedem Menschen vorhandenen Gifte, die es herauszuspülen gilt, die Gefährdung. So seine Aussage, dass diese sich lösenden Giftstoffe nicht herausgespült, sondern an den Fötus weitergegeben werden.

Zu Vitamin D führt das Gutachten als Gefährdung aus:

Es kann zum Tod durch Nierenversagen kommen. Begleitsymptome sind Kopfschmerzen, Appetitlosigkeit, Schwächegefühl, Magen-Darm-Störungen.

Von der Ideologie abgeleitet, dass frühere Medikamenteneinnahmen ausgewaschen werden sollen, ist klar, dass während der Teilnahme am Programm keine Medikamente eingenommen werden dürfen.

Was macht nun ein Mensch, der sich über eine persönliche Bekanntschaft Scientology genähert hat und die ersten Schritte gegangen ist, wie z. B. im Kommunikationskurs? Um ihn herum Personen, die permanent begeistert sind und deutlich machen, dass sie ihre empfundenen Fortschritte nur durch Scientology erreicht haben, die Person selbst aber wegen Krankheit Medikamente einnehmen muss. Ab wann glaubt man daran, dass zum Beispiel auch Epilepsie durch die Methoden, sprich Hubbard'sche Technologie, heilbar ist? Das kann durchaus schnell passieren, denn jeder kranke Mensch hat wohl die Sehnsucht, endlich die Krankheit zu überwinden, auch die bisher nach medizinischer Forschung nicht heilbare. Dubiose Anbieter mit Heilungsversprechen gibt es viele. Bei Scientology sind die Heilungsversprechen eingebettet in eine Gesamtorganisation. Umgeben von Opfern zu überzeugten Tätern mutierten Menschen. Diese Menschen sind einander zugewandt, glauben an sich und an den persönlichen Erfolg, jedenfalls behaupten sie das. Wie sollten sie auch nicht, Zweifel dürfen sie nicht äußern, erst recht nicht jemandem gegenüber, der relativ frisch geworben ist. Springt dieser womöglich ab, weil er medizinisch verordnete Medikamente einnehmen muss, schadet das dem gesamten Team. Also besteht immer die Gefahr, dass spätestens beim Reinigungsprogramm Medikamente abgesetzt werden. Bei einer Frau, die unter Epilepsie leidet – das wird jedem einleuchten, außer er ist Scientologe – muss das zu Problemen führen. Wie mühsam es sein kann, ein von Scientology angeworbenes junges Menschenkind wieder davon zu überzeugen, dass es keinen Weg an der Medikamenteneinnahme vorbei gibt, haben Familien erfahren, die aufmerksam waren und ihr Familienmitglied vor größerem Schaden bewahren konnten, weil sie sich Rat holten und Schritt für Schritt das junge Familienmitglied wieder zurückholten. Zurückholten aus der Scientology-Welt, zurückholten zu Ärzten, die die drohenden Auswirkungen durch die Absetzung der Medikamente noch rechtzeitig abwenden konnten. Die Verantwortung bei gesundheitlichen Schäden hätte die Scientology-Organisation abgelehnt. Denn nach ihrer Lehre ist der Einzelne verantwortlich und niemals die handelnden Personen in der Organisation oder gar die vermittelte Ideologie.

Wenden sich Angehörige in ihrer Not auch noch an die Presse oder an ein Familiengericht, um Aufmerksamkeit für die Zustände in der Organisation zu erreichen, müssen sie darauf gefasst sein, dass der scientologische Teil der Familie sie auch noch beschimpft oder versucht einzuschüchtern. Denn gerät eine der Praktiken in die Kritik, sind die Auslöser dafür zuständig, dieses wieder in Ordnung zu bringen. Gelingt dieses nicht, droht ihnen die interne Rechtssprechung via Ethik-Offizier.

In der bisher umfassendsten wissenschaftlichen Studie über gesundheitliche und rechtliche Risiken bei Scientology, die die Bayerische Landesregierung in Auftrag gegeben hat, werden Vorkommnisse dokumentiert, die sehr deutlich machen, welchen Einfluss die Weisungen und das Verhalten der einzelnen Scientologen bei krankheitsbedingten Auffälligkeiten haben.

Also ein nicht nur für den Geldbeutel riskanter Weg, die scientologische persönliche »Erleuchtung« zu erlangen.

Der Thetan verlässt den Körper

Scientologen sterben, wie alle Menschen. Einige früher, andere später. Über Todesfälle und vor allem die Art des Todes dringt eher selten etwas in die Öffentlichkeit. In einem langen Gespräch mit einer ausgestiegenen Scientologin berichtete diese, dass sie während ihrer Zeit in der Eliteeinheit Sea-Org in Clearwater/Florida die Aufgabe hatte, die Todesfälle in Scientology aufzulisten und herauszubekommen, ob von den Verwandten Schwierigkeiten zu erwarten seien oder nicht. Die Bestätigung eines solchen Dienstpostens, der sich Tag für Tag statistisch und menschlich mit Todesfällen zu befassen hat, ist in den Schriften nicht belegt. Nur, warum sollte sie aus ihrer Zeit in der Sea-Org darüber berichten, wenn sie es nicht getan hätte? Eigentlich könnte die

Organisation ja auch relaxt mit Todestatsachen umgehen. Allerdings kursieren im Internet ziemlich lange Listen von verstorbenen Scientologen, und die Vermutungen überschlagen sich, dass doch viele noch am Leben sein könnten, wenn sie sich einer ordentlichen medizinischen Versorgung bedient hätten. Auch relativ hohen Selbstmordraten während der aktiven Zeit oder kurz nach dem Ausstieg wollen in der Diskussion nie richtig verstummen.

Anhaltspunkte für die Vermutung, dass bei der verinnerlichten Ideologie, Krankheit sei bei korrektem Weg in der Organisation nicht möglich, mögen viele daran hindern, außerscientologische medizinische Hilfe in Anspruch zu nehmen. Warum auch, sind doch die ausgebildeten Auditoren in der Lage, selbst Leukämie zu heilen, denn Leukämie wurde »erfolgreich mit Dianetik behandelt.« (The Journal of Scientology, Ausgabe 15-G, ca. Mai 1953). Von den so genannten Touch Assists (Berührungsbestände) über das Reinigungsprogramm bis zum Status »Clear«, ab dem dann körperliche Leiden behoben und nicht mehr auftreten sollen, die verinnerlichten Heilungs- und Gesundheitsideen sind wohl bei allen relativ fest verankert. Hinzu kommt das übernommene Feindbild von außerscientologischen Behandlungsmethoden. Die Studie zu den Risiken bei Scientology hat anhand der wissenschaftlich zugrundegelegten Kriterien bei Risiken und Nutzen von sozialpsychologischen Maßnahmen als besonders problematisch unter anderem eingestuft:

- die Abwertung von Familienmitgliedern und Freunden (88,9 %)

- den Aufbau eines Feindbildes außerhalb der Anbieterorganisation (84,2%)
- das Drängen, die bisherige Lebensführung zu ändern
(72,2%).

Bei der Auswertung hinsichtlich Scientology (die Studie
hatte Vergleichsanbieter in die Bewertung mit einbezogen)
kommen die Wissenschaftler zu folgendem Schluss:

> Zusammenfassend kann man sagen, dass sieben der acht stark
> riskanten Methoden bezüglich des sozialen Umfeldes bei Sci-
> entology vorkommen. Außerdem kommen noch zwei weitere
> Methoden hinzu, die sich aber direkt auf die Person des Teilneh-
> mers beziehen (Aufbau bzw. Verstärkung von Ängsten und die
> Abwertung von Überzeugungen und Wertvorstellungen).
>
> (Küfner, Heinrich; Nedopil, Norbert; Schöch, Heinz: »Gesundheitliche
> und rechtliche Risiken bei Scientology«. Lengerich, 2002, S. 68)

Bei derartig riskanten Eingriffen in die Denk- und Verhal-
tensstruktur von Menschen überraschen dann die in der
Studie beispielhaft geschilderten Fälle bei auftretenden
Krankheiten kaum noch.

Fall 3 – Scientology
Der Befragte hat erlebt, dass es bei einer 50- oder 60-jähri-
gen Frau während der Teilnahme an einer Veranstaltung der
Anbieterorganisation zu einer Erkrankung kam, die von der
Anbieterorganisation wie vom Befragten als »Panikattacke« bzw.
»Schock« beurteilt wurde. Die Anbieterorganisation gab an, sie
könne diesen Zustand beheben. Die Frau verließ daraufhin den

Kurs und fuhr auf Weisung der Organisation von Kopenhagen nach Deutschland. Die Betroffene war zu dieser Zeit körperlich nicht in der Lage, sich selbst andere Hilfe zu verschaffen. Auch die Anbieterorganisation selbst sorgte nicht für medizinische Hilfe. Vielmehr wurde der Betroffenen abgeraten, medizinische Hilfe in Anspruch zu nehmen. Mit dem Hinweis, sie habe unterschrieben, nur mit Genehmigung der Organisation zum Arzt zu gehen, wurde sie sogar aktiv daran gehindert.

(Küfner, Heinrich; Nedopil, Norbert; Schöch, Heinz: »Gesundheitliche und rechtliche Risiken bei Scientology«. Lengerich, 2002, S. 130)

Werden Todesfälle bekannt, geschieht dieses meistens durch die Familienangehörigen. Insbesondere dann, wenn der Tod relativ plötzlich auftritt. Regelmäßig taucht dann die Frage auf, ob der Mensch noch leben könnte, wenn er sich rechtzeitig gelöst und in medizinische Behandlung begeben hätte.

Ende der 90er Jahre stirbt in Bayern ein 43-jähriger Mann unerwartet. Die Familie kann sich seinen plötzlichen frühen Tod nicht erklären. Wie stark er eingebunden war in die Scientology-Welt, macht die Schilderung von Angehörigen in einer Rundfunksendung deutlich:

Im Frühjahr 1997 wird im Fernsehen eine Reportage über den mysteriösen Tod der amerikanischen Scientologin Lisa McPherson gezeigt: Offenbar wollte sie aus der Organisation aussteigen, bevor sie mit ihrem Auto einen Auffahrunfall verursachte. Anschließend kommt sie in das Hauptquartier Scientologys in Clearwater/Florida. Dort bleibt sie 17 Tage, bis sie tot in ein Krankenhaus eingeliefert wird. Der

Obduktionsbericht ergibt, dass die 36-Jährige regelrecht verdurstet ist und mehrere Tage vor ihrem Tod im Koma gelegen hat. Von den Scientologen wurden ihr hoch dosierte Vitaminpräparate verabreicht. K., der wenige Zeit später Verstorbene, reagiert auf diesen Film wie folgt, so berichten die Angehörigen:

Meine Mutter hat ihn angesprochen, während die Reportage lief, schau dir das mal an, was da Sache ist, was da los ist, und er hat sich furchtbar amüsiert, er hat gelacht, er hat nur noch gelacht und gesagt, was die Medien machen, ist eine himmelschreiende Ungerechtigkeit, so etwas ist nie passiert, es wird alles nur aufgebauscht, man will so die Scientology fertig machen und das ist offensichtlich alles nur gespielt, das Ganze, und so einen lustigen Film habe ich schon lange nicht mehr gesehen. So hat er reagiert.

(O-Ton, Sendeprotokoll: »Tod eines Scientologen«, 11.3.1998)

Nur wenige Wochen später ist er auch tot. Wie er die letzten Tage seines Lebens verbringt, ist nicht aufgeklärt worden, aber er war für Scientology unterwegs. Er hatte wohl den Auftrag, Mitglieder der Organisation zu einer Demonstration zu fahren. Er verursacht einen kleinen Unfall, ob er dabei verletzt wird, geht aus den Protokollen nicht hervor. Der Unfall hindert ihn jedenfalls nicht daran, nach Stuttgart zu fahren. Im Hotel dann wird bemerkt, dass es ihm gesundheitlich schlecht geht, und die Scientologen behaupten, man habe ihn nach Berlin zurückgebracht. Immerhin wird irgendwann ein Notarzt gerufen, dieser musste ihn beatmen und hat ihn in ein Krankenhaus einliefern lassen.

Kurz darauf Koma, nach drei Wochen verstirbt er. Die Familie stimmt einer Obduktion zu, da die Ärzte ratlos sind. Dort wird festgestellt, dass er sehr schlechte Organe hatte. Also ein natürlicher Tod, aber es deutet alles darauf hin, dass K. davon überzeugt war, dass die Scientology ihn vor Krankheiten schützen kann. Er war selbstständig, hatte keine Krankenversicherung, warum auch, wenn man nicht mehr krank werden kann. Kaum noch erwähnenswert, dass die Scientology-Organisation selbstverständlich nach der Berichterstattung über den Tod ihres Mitgliedes aus Berlin sofort klarstellt, dass sie nichts mit dem Todesfall zu tun hat. Wie immer.

Und es sind weitaus mehr Todesfälle bekannt geworden, die zumindest Fragen aufwerfen. So wird in seiner Wohnung ein Mitglied der Organisation in Kiel aufgefunden, und nach allem, was die Unterlagen hergeben, ist er an Krebs gestorben. Er hatte sich eine eigene Existenz mit einer Fahrschule aufgebaut. Das Geld reichte hinten und vorne nicht. Dass er krank war, wusste er wohl. Auch welche Krankheit er hatte. Die Familie kam schon lange nicht mehr an ihn heran. Hätte ihn eine klassische Krebsbehandlung länger leben lassen? Die Antwort darauf hätten nur Ärzte geben können, doch die hat er wohl nicht konsultiert. Allerdings soll ein ausgebildeter Arzt mal bei ihm zu Hause gewesen sein, so wird berichtet. Dieser ist allerdings mit Namen als langjähriger Scientologe bekannt, eine Praxis wird von ihm anscheinend schon lange nicht mehr geführt. Der kassenärztlichen Vereinigung ist er auch als Mitglied nicht geläufig. Stattdessen tritt er auf als verantwortlicher Scientologe für eine der Untergliederungen und meldet für diese auch gelegentlich einmal Informationstische bei der Stadt an oder versucht es zumindest. Nicht immer mit Erfolg. Aber auch diese Person kann nicht für den Tod zur Rechenschaft gezogen werden, denn niemand weiß, wie und wann er seinen Scientologenfreund beraten hat. Sicher ist nur eins, der Mann ist gestorben. Einer mehr, von dem keine Antwort zu erhalten ist, ob er wegen seiner übernommenen scientologischen Überzeugung so gehandelt hat.

Im Jahr 2006, Rückkehr aus dem Mekka der Scientology: Clearwater/Florida. Warum sie von Hamburg aus dorthin flog, bleibt ungeklärt. Aber sie war eine durchaus angesehene Scientologin im Norden Deutschlands. Mit einem Mitglied der Organisation verheiratet, Aktivitäten zur Expansion sind dokumentiert, und sie war auch schon ziemlich lange dabei. War, denn sie ist tot. Kurz nach der Rückkehr aus den USA findet man sie tot im Auto. Über das Warum wird es keine Auskunft mehr geben, aber ein paar Fragen tun sich auf: Eine Scientologin, schon über die Stufe »clear« weit hinaus, operierender Thetan, angesehen in der Organisation, bringt sich im Auto mit Hilfe von Medikamenten und Autoabgasen um? Wie verzweifelt muss sie zurückgekehrt sein aus den USA, um diesen Schritt zu gehen? Bei der Obduktion werden an der Kopfhaut nicht erklärbare Punkte gefunden. Über den gesamten Kopf verteilt. Die Todesursache ist damit nicht verbunden. Die Gerichtsmediziner sind sich unschlüssig, woher die Wunden stammen. Aber Schmerzen muss sie gehabt haben. Für Scientology wird auch dieser Tod eine interne Erklärung finden, die den übrigen Mitgliedern vermittelt wird. Denn schließlich stirbt man nicht in Scientology, sondern der Thetan verlässt den Körper, also alles gut, die Betroffene wird sich danach irgendwann einen neuen Körper suchen und ihren Weg zur Rettung des Universums fortsetzen können. Bei der Todesart wird ihr Thetan mit dem neuen Körper wohl sehr schnell in das Reinigungsprogramm müssen, denn schließlich ist der durch den körperlichen Tod befreite Thetan durch die Todesart mit Medikamenten und Auspuffabgasen verunreinigt. Wir werden es nie erfahren.

Kampf den Drogen

Das klingt erst einmal nach Parolen von politischen Parteien: Kampf den Drogen, Kampf der Kriminalität. Bei dem Stichwort, man wolle eine Welt ohne Geisteskrankheit, wird es für die nichtscientologische Welt schon schwieriger, fortschrittliches Gedankengut zu erkennen.

Alle drei Begriffe, Drogen, Kriminalität und die Bekämpfung von Geisteskrankheit bedürfen von außen betrachtet der Übersetzung aus dem scientologischen Gedankengebäude. Innerhalb des Systems, in den Köpfen der gedrillten Mitglieder machen die Parolen einen Sinn. Also gibt es auch Teilorganisationen, die ein vermeintliches soziales Engagement vorgaukeln und natürlich darüber den aktiven Scientologen des Gefühl vermitteln, die erlernten, verinnerlichten Lehren und Zielrichtungen können in die Tat umgesetzt werden.

Der Anti-Drogen-Kampf hat verschiedene Gesichter. In der Werbebotschaft »Was ist Scientology?« liest es sich so:

»Die örtlichen Scientology-Kirchen etablieren und beaufsichtigen Anti-Drogen-Projekte, denen sich dann einzelne Scientologen anschließen.« Das klingt doch wirklich nach sozialem Engagement. Ein neueres – nach Angaben der Organisation seit 1993 bestehendes Programm – mit dem Namen »Lead the Way« bindet auch Kinder in die Propagandamaschinerie mit ein. Es werden zwischen sechs und 13 Jahre alte Kinder zu »Marshals für Drogenfreiheit« ernannt, die einen Schwur leisten müssen. Unter anderem beinhaltet dieser Schwur, dass den eigenen Familien und den Freunden zu helfen ist, ein drogenfreies Leben zu führen.

Dazu muss man wissen, dass der Begriff »Drogen« im scientologischen Sprachgebrauch von der US-amerikanischen Definition »drugs« abgeleitet wird, also im weiteren Sinne Medikamente. In der Außendarstellung wird auf das Verständnis von Drogen in der nichtscientologischen Welt abgezielt. Wenn die zu verteilenden Werbebroschüren sich zu Heroin, Kokain, LSD, aber auch Alkohol äußern, ist es leichter, Menschen anzusprechen und zu gewinnen. Als durchaus werbewirksam hat sich eine Kampagne erwiesen mit dem Namen: »Sag nein zu Drogen, sag ja zum Leben«. Unter diesem Namen wurden auch in Deutschland Vereine gegründet. Wird offenkundig, dass hinter den vermeintlich aufklärerischen Aktivitäten dieser Vereine Scientology Menschen zu überzeugen versucht, ist die Organisation sehr schnell dabei zu erklären, dass zwar Scientologen diese Aktion ins Leben gerufen haben und auch Scientologen mitarbeiten, aber die Gesamtorganisation nichts damit zu tun habe. Eine häufig wiederkehrende Argumentation, wenn kritische Fragen gestellt werden.

Lässt sich jemand von den Werbebotschaften beeindrucken, wahrscheinlich mit den besten Absichten, wird er schnell lernen, dass er nicht einfach einer Gruppe beigetreten ist, die sich um Drogenmissbrauch kümmert. Der Weg führt in die Organisation und dort in das Kurssystem, in dem dann vermittelt wird, was unter dem Stichwort verstanden wird, eine Welt ohne Drogen zu schaffen.

Der für jeden einzelnen Scientologen zu absolvierende Weg, sich der Befreiung von jeglicher Art »belastender« chemischer Substanzen zu widmen und die Reinwaschung à la Hubbard zu absolvieren, ist ideologisch eingebettet. Die Probleme von Gesellschaften und damit der Welt haben einen entscheidenden Ursprung, so die Theorie, den Konsum von Drogen, sprich Medikamenten. Unter der Überschrift »Für eine drogenfreie Zivilisation« wird in dem Propagandabuch »Was ist Scientology?« von der Kopfschmerztablette ausgehend ein Schreckensszenario des Untergangs der Welt formuliert, gegen den es nur eine Lösung gibt, die Erkenntnisse des L. Ron Hubbard. Angst machen vor Medikamenten, bei Scientology klingt es gerade zu martialisch:

Was kosten uns also die Kopfschmerztabletten, die Schlaftabletten, die Schmerzstiller, die Anti-Depressiva, die unsere Medizinschränke füllen? Was kosten uns die Amphetamine, die unsere Schulkinder zu Drogenabhängigen machen? Was kosten uns die Betäubungsmittel, die konsumiert werden, um uns eine schmerzfreie Existenz vorzugaukeln? Was kosten uns die Freizeit-Drogen, die eine Flucht aus der Langeweile des Überflusses versprechen? … Auf unserer Erde tobt ein Drogenkrieg unermesslichen Aus-

maßes. L. Ron Hubbard hat das Drogenproblem erkannt, lange
bevor es ein internationales Anliegen wurde, und einen Weg
ausgearbeitet, auf dem wir gehen können ... Seine Technologie
ist die Waffe, mit der dieser Krieg gewonnen werden kann.

Veröffentlichungen zu Medikamenten und Drogen der Organisation sind durchgängig von Horrorszenarien der angeblichen Auswirkungen auf Menschen begleitet. Da wird
auch schon mal behauptet, dass bereits Hustensaft der Einstieg in eine Drogenkarriere sein kann. Es gibt aber vor allem eine Auffälligkeit: der hergestellte Zusammenhang zwischen Medikamentenvergabe und der »geistigen Freiheit«
bzw. der »Geisteskrankheit«. Da nach Hubbard die Welt
im Chaos versinkt und nicht auf dem Weg in der Scientology befindliche Menschen »aberriert« sind, ist die Verab-
reichung von Medikamenten die Methode der geistig um-
nachteten nichtscientologischen Welt, um diesen Zustand
aufrechtzuerhalten. Denn diese sind unfähig, die »wahren«
Ursachen der Zustände der Menschheit zu erkennen. Welche Bedeutung der Begriff »Aberration« hat, wird schon bei
der Übersetzung aus dem Scientologischen deutlich, denn
alle, die mit diesem Titel versehen werden, sind nicht ganz
normal. Also alle, die nicht zum System gehören.

Aberration: ein Abweichen vom vernünftigen Denken oder Verhalten. Im Wesentlichen bedeutet es, sich zu irren, Fehler zu machen
oder genauer, fixe Ideen zu haben, die nicht wahr sind ... Aberration
ist geistiger Gesundheit entgegengesetzt, die ihr Gegenteil wäre.

(New Era Publications International [Hrsg.]: »Was ist Scientology?«.
Kopenhagen, 1998, S. 684)

Den scientologisch Unwissenden, den geistig Kranken, denjenigen, die den wahren Weg nicht erkennen oder erkennen wollen, ist dann – so die Propaganda – auch zuzuschreiben, was an Gewalt und Elend passiert. Einige Medikamente stehen im besonderen Fokus der Organisation. In den ideologischen Kontext eingepasst, überrascht es nicht, dass es sich dabei im Schwerpunkt um Psychopharmaka handelt. So werden die Medikamente Prozac oder auch Ritalin pauschal als Psychodrogen deklariert. Wie üblich mit einem vermeintlich wissenschaftlichen Anspruch, werden in Veröffentlichungen Untersuchungen zitiert, die die angeblichen Auswirkungen der Medikamente pauschal belegen sollen. Von den Formulierungen her kann sich bei dem unbedarften Leser oder der Leserin der Eindruck festsetzen, dass hier nun eine Organisation am Werke ist, die die schädlichen Auswirkungen von bestimmten Medikamenten endlich offenlegt. Denn immer wieder spielen in der Öffentlichkeit Diskussionen über zu schnelle Vergabe von Medikamenten oder nicht genügend erforschte Medikamentenvergabe eine Rolle. Außerdem ist dieses Thema gut geeignet, Ängste und Verunsicherung hervorzurufen. Darauf zielt die Öffentlichkeitsarbeit im so genannten Kampf gegen Drogen der Scientology-Organisation ab. »Mit Ritalinmissbrauch werden auch psychotische Episoden und Gewalttätigkeit in Verbindung gebracht«, heißt es zum Beispiel in einer Broschüre der Kommission für Verstöße der Menschenrechte in der Psychiatrie (KVPM) aus dem Jahr 2000. Der Titel des Beitrages im Heft, in dem das Medikament Ritalin in dieser Form beschrieben wird, heißt, »Skrupellose Kids – Psychiatrische Drogen verursachen Gewalt«.

Die Erklärung des derartig aggressiven Umgangs mit Medikamenten und bestimmten Fachärzten, wie Therapeuten und Psychiatern, geht mal wieder auf die »Forschungen« von L. Ron Hubbard zurück. Kehren einige Aussagen von ihm in den unterschiedlichsten Vorträgen oder im Kursmaterial wieder, so sind seine Abhandlungen, die sich mit den Ursprüngen seiner Theorie zu psychischen Auffälligkeiten bei Mensch und Gesellschaft beschäftigen, nicht immer im Gesamtkontext veröffentlicht. Die Schriften, die zu den im System zu verinnerlichenden Thesen führen, stammen nach allem bisher bekannt gewordenen Hintergrundmaterial aus den 50er oder 60er Jahren des vorigen Jahrhunderts. Es spricht vieles dafür, dass sich Hubbard oder sein Umfeld in den Anfangsjahren auch mit dem Vorgehen von staatlichen Geheimdiensten und deren Praktiken, die unter dem Stichwort Gehirnwäsche diskutiert wurden, auseinandergesetzt und möglicherweise für sein Theoriegebäude als nützlich erkannt hat. Anscheinend haben ihn da besonders die den sowjetischen Institutionen zugeschriebenen Methoden angesprochen.

Die Broschüre trug den Titel »Gehirnwäsche« – eine Synthese des russischen Lehrbuches über Psychopolitik, und eine Fassung wurde »als Dienst der Scientology-Kirche an die Öffentlichkeit herausgegeben« (Hubbard, wahrscheinlicher Autor, 1955, Umschlagrückseite.) Die Einleitung ist angeblich eine Rede des berühmten Leiters der sowjetischen Geheimpolizei, Lawrentij Berija, an »amerikanische Studenten der Lenin Universität« darüber, wie man Gesellschaften unterminiert, indem man unter dem Deckmantel der »psychischen Heilung« auf Bevölkerungsgruppen »Psychopolitik« anwendet … Jedenfalls schrieb Hubbard über die »Gehirnwäsche«-Broschüre an seine Anhänger … und behauptete, dass die Auditoren, »ohne Verständnis der grundlegenden Philosophie des Gehirnwäschers« Schwierigkeiten beim Umgang mit Klienten haben werden, die man diesen Verfahren unterzogen hatte.

(Kent, Stephen A.: »Gehirnwäsche im Rehabilitation Project Force [RPF]«. Hamburg, 2000, S. 15)

Der Begriff Psychopolitik findet sich in der internen Literatur immer mal wieder, und auch Scientologen, wie ein baden-württembergisches Mitglied, veröffentlichen unter genau diesem Stichwort ganze Broschüren mit der Botschaft, dass die ganze Welt seit kaum bezifferbarer Zeit diesen Methoden der Gehirnwäsche unterzogen ist und sie dieses daran hindert, eine gesunde Zivilisation zu errichten und zu gestalten. Der Kampf gilt den so verblendeten, kranken Gesellschaften überall auf diesem Globus. Aus diesen »Forschungsergebnissen« des Gründers wird dann der Absolutheitsanspruch der eigenen Organisation abgeleitet sowie der Anspruch, quasi als Recht formuliert, irgendwann den Sieg über alle Gegner zu erreichen.

Darin liegt also der totale Sieg über jede unterdrückerische Gruppe oder Gesellschaft. Nicht darin, sie fertigzumachen – sie sind schon sehr eifrig beschäftigt, das selbst zu tun –, sondern sie nur in dem Ausmaß zu handhaben, damit sie stillhalten, damit wir ihnen eines Tages mit den richtigen Run-Downs beikommen können.

(Landesamt für Verfassungsschutz Baden-Württemberg [Hrsg.]: »Der Kampf der Scientology-Organisation um die Anerkennung der Gemeinnützigkeit in den USA und seine Auswirkungen auf Deutschland«. Stuttgart, 2004, S. 10)

Kampf der Psychiatrie

Mit der Definition von geistiger Gesundheit, die es in Gesellschaften zu erreichen gilt. und den Unterstellungen, gesellschaftliche Gruppen und Regierungen bedienen sich politisch der psychischen Manipulation von Menschen, befand und befindet sich Hubbard heute mit seiner Organisation mitten in politischen Debatten unterschiedlicher Coleur. Politischen Gegnern oder Kritikern einer Ideologie klares Denken abzusprechen und damit die Überhöhung der eigenen Ideologie zu rechtfertigen, ist nicht neu. Ebenso wenig die Diskussion um tatsächliche oder vermeintliche Missstände in psychiatrischen Institutionen oder bei ambulanter Behandlung von psychisch Kranken, hat vielfach zu öffentlichen Diskussionen geführt, auch mit politischem Anspruch.

Hinzu kommen die Skepsis und Angst der Menschen vor psychischen Erkrankungen. Die Tabuisierung bis heute in vielen Bereichen von psychisch bedingten Krankheiten tut ein Übriges. Es scheint leicht zu sein, sich mit dieser Thematik in der Öffentlichkeit als Verfechter von Lösungen zu positionieren.

Es ist sicherlich kein Zufall, dass Hubbard in den Jahrzehnten Anfang des letzten Jahrhunderts die Diskussion um Psychiatrie mit in sein Konzept aufnahm. Standen doch die UdSSR und der sowjetische Geheimdienst KGB immer im Verdacht, Gehirnwäsche zu praktizieren und Kritiker in psychiatrische Anstalten zu verbringen. Dass diese Vorwürfe berechtigt waren, ist inzwischen belegt.

Die politische Psychiatrisierung in der Sowjetunion und die Repression gegen protestierende Bürgerrechtler wurden dennoch jahrelang fortgesetzt. Alle Mitglieder der erwähnten illegalen »Arbeitskommission zur Untersuchung der Verwendung der Psychiatrie zu politischen Zwecken« in Moskau wurden nacheinander inhaftiert.

(Süss, Sonja: »Politisch missbraucht, Psychiatrie und Staatssicherheit in der DDR«. Berlin, 2000, S. 24)

Die Darstellung von psychischen Krankheitsbildern Außenstehender und deren Diffamierung gehört somit seit langem in die politische Auseinandersetzung, insbesondere bei fundamentalistischen politischen Systemen und deren Anhängern.

Aber nicht nur die Diskussion über Praktiken hinter dem damaligen Eisernen Vorhang sorgten immer wieder für Aufmerksamkeit. In den die gesamte Gesellschaft kritisch hinterfragenden 60er Jahren wurde auch die politische Diskussion um Psychiatrie und Psychiater erörtert. Die durchaus diskussionswürdigen Zustände in Einrichtungen, aber durchaus auch allgemeinen Behandlungsverfahren gingen in dieser Zeit über Ansätze der Reformen der Behandlung einzelner Personen hinaus und wurden zur allgemeinen Gesellschaftskritik erhoben.

Die antipsychiatrischen Autoren mit der größten Popularität in der linken Studentenbewegung Westeuropas waren die Briten Ronald Laing und David Cooper, der Amerikaner Thomas S. Szasz und der Italiener Franco Basaglia.

Laing und Cooper hatten unter Berufung vor allem auf Karl Marx und Jean Paul Sartre Geisteskrankheit zu einem Produkt des krankhaften Charakters von Familie, Gesellschaft und kapitalistischem Staat erklärt. Cooper, der sich selbst als »Anti-Psychiater« bezeichnete und diese Bezeichnung ausdrücklich als ideologischen Kampfbegriff einführte, rechnete die klinische Psychiatrie zu den Ordnungsinstrumenten des repressiven Staates (wie Justiz, Armee und Polizei). Die Antipsychiatrie sei ein wichtiger Faktor im Kampf gegen die kapitalistische Gesellschaft und ihre krankmachenden Beziehungsstrukturen ... Mit der Auflösung der Unterdrückungssysteme würden schizophrene Psychosen von allein verschwinden.

(Süss, Sonja: »Politisch missbraucht,
Psychiatrie und Staatssicherheit in der DDR«. Berlin, 2000, S. 33f.)

Hubbards Jünger sind bis heute im Kampf auf der gesellschaftskritischen Grundlage der damaligen linken gesellschaftskritischen Bewegung. Die Argumente von damals und die Propaganda von Scientology heute gegen die Psychiatrie sind nahezu identisch. Und der genannte Thomas S. Szasz wird in vielen Broschüren von der gegründeten Einheit von Scientology für diesen Bereich zitiert und gefeiert.

Vielleicht hat es die Scientology-Organisation deshalb häufig so leicht, aus verschiedenen politischen Richtungen Personen mindestens als Lobbyisten für sich zu gewinnen. Denn neben dem gehorsamen, gedrillten Scientology-Volk bedient sich die Organisation auch Personen des öffentlichen und auch des nicht so öffentlichen, aber durchaus einflussreichen Lebens, wie der Wissenschaft, um ihre Ziele zu erreichen. Und es scheint so, dass gerade diese Vermengung manchmal, gerade in Kultur und Politik, zu irreführenden Schlussfolgerungen hinsichtlich des Charakters der parallelen Welt der Scientologen führt.

Die Bedeutung, die dem unter dem Stichwort »Psychopolitik« und dem nach Hubbard geistig minderbemittelten Teil der Menschheit und deren »Verführung« durch Psychiatrie und Psychiater beigemessen wird, nach innen wie nach außen, wird schon dadurch dokumentiert, dass es einen festen Bestandteil im Gesamtsystem dafür gibt, der sich einzig und allein mit dieser Thematik beschäftigt. Die Abkürzung CCHR steht in den deutschsprachigen Werken für »Bürgerkommission für Menschenrechte«. Öffentlich tritt als Verein die »Kommission für Verstöße der Psychiatrie gegen Menschenrechte (KVPM)« immer wieder mit massiven »Informationsangeboten« und damit werbestrategisch in allen deutschsprachigen Städten auf. Die Begründung, warum diese Institutionen entstanden, bezieht sich einzig und allein auf genau die politisch motivierten Gründe zur geistigen Gesundheit, und auch das Gründungsjahr passt in die Diskussion der 60er Jahre.

Seit der Gründung der Scientology-Kirche haben sich ihre Mitglieder den brutalen Behandlungen, kriminellen Praktiken und Menschenrechtsverletzungen, die im Gebiet der geistigen Gesundheit alltäglich sind, unerschütterlich entgegengestellt. 1969 von der Kirche ins Leben gerufen, wurde die Bürgerkommission für Menschenrechte (CCHR) eine wirksame Kraft für Veränderungen auf diesem Gebiet.

(New Era Publications International [Hrsg.]: »Was ist Scientology?« Kopenhagen, 1998, S. 357)

Kamen die Anti-Psychiatrie-Theoretiker auch nicht aus Deutschland, war die Diskussion, die im Zusammenhang mit den Verbrechen der Nazis gegen psychisch Kranke, geistig Behinderte und Zwangssterilisierte stand, ein Verdienst der damaligen Diskussion der Studentenbewegung. Die Bundesrepublik Deutschland der 50er und 60er Jahre war sehr auf Verdrängung ausgerichtet, und das, was heute erwiesen ist, fand damals keine Basis.

Ein Teil der 1940 und 1941 in den psychiatrischen Tötungsanstalten »erprobten« Angestellten und Vergasungsanlagen sind anschließend zum Aufbau der Vernichtungslager Belzec, Sobibor und Treblinka im besetzten Polen weiterverwendet worden. So gab es personelle, technologische und administrativ-organisatorische Kontinuitäten zwischen den Krankentötungen in Deutschland und dem Völkermord an den europäischen Juden.

Viele Täter blieben ungestraft, es gab sogar skandalöse gerichtliche Absolutionen für erwiesene Krankenmörder und beachtliche Karrieren von Belasteten ... Das Entsetzen über die mörderische Vergangenheit der deutschen Psychiatrie, die Empörung über den ignoranten Umgang der deutschen Nachkriegsgesellschaft damit, die NS-Täter-Opfer-Konstellationen beispielsweise in Begutachtungssituationen nicht selten reproduzierte, und das erstmals öffentlich artikulierte Misstrauen gegen die deutsche Psychiatrie als Ganzes waren Faktoren, die die Psychiatriekritik im Umfeld der westdeutschen Studentenbewegung mitbestimmten.

(Süss, Sonja: »Politisch missbraucht, Psychiatrie und Staatssicherheit in der DDR«. Berlin, 2000, S. 42 f.)

Die Verbrechen Nazi-Deutschlands durchziehen die Anti-Psychiatrie-Kampagnen der Scientology-Organisation, respektive die Veröffentlichungen der zuständigen Einheit, der Kommission für Verstöße der Menschenrechte in der Psychiatrie. »Das Vermächtnis der Nazis« heißt eine Überschrift in einer Broschüre. In einer anderen wird Thomas Szazs mit den Worten zitiert:

> **Die Psychiatrie ist wahrscheinlich diejenige Kraft, die in den letzten fünfzig Jahren die größte Zerstörung in der Gesellschaft angerichtet hat. Thomas Szasz, M.D. 1993.**
>
> (KVPM: »Psychiatrie betrügt Kinder und setzt sie unter Drogen«. Stuttgart, 2000, S. 24)

Der Bogen der Nazi-Verbrechen wird geschlagen in die heutige Zeit, und propagandistisch wird unterstellt, die Bösen seien immer noch unter uns. Ein ganzes Buch, finanziert von der International Association of Scientologists (IAS) durch eine Spende dieser einer der höchsten Einheiten der Organisation, wie es im Buch heißt, herausgeben von den Scientologen Dr. Thomas Röder und Volker Kubillus, mit dem Namen »Die Männer hinter Hitler« stellt die Verbindung zu den heute noch aktiven bösen Mächten her. Schon der Untertitel auf dem Umschlag suggeriert, dass Hitler wohl gesteuert wurde von den Bösen, dort heißt es: »Wer die geheimen Drahtzieher hinter Hitler wirklich waren … und unter welchem Deckmantel sie noch immer unter uns weilen …«

Die doch sehr massiv sich mit der Psychiatrie beschäftigende Scientology-Organisation hat dafür natürlich Gründe. Denn Hubbards intergalaktische Feinde haben die Erde und die Bewohner in der Gewalt, durch Elektroschocks manipuliert und ähnlich Schreckliches den Thetanen angetan. Von der Grundlage der scientologischen Weltraumphantasie (Xenu) hatte ich bereits gesprochen.

Zum Theoriegebäude gehören immer auch die Abwehr von Kritik, denn mit hoher Wahrscheinlichkeit stecken hinter den »Angriffen« auf Scientology immer noch Xenus Jünger, und die möglichst positive Selbstdarstellung (dieses Mal ohne Xenu), um den Expansionskurs weltweit voranschreiten zu lassen und an Einfluss auf allen Ebenen zu gewinnen. Insbesondere im politischen und kulturellen Umfeld bedarf es Strategien, um die Botschaften zu vermitteln und möglichst im gleichen Zuge die Kritiker mundtot zu machen oder zumindest zu erschweren, dass sie mit ihren Aufklärungsbotschaften an entscheidenden Stellen durchdringen.

In den 90er Jahren ist auch der breiteren Öffentlichkeit in Deutschland ein internes Programm der Organisation bekannt geworden. Er trägt den Titel »Snow White«-Programm. Insbesondere hochrangige ehemalige Mitglieder aus den USA, denen dieses Programm bekannt war, halfen bei der Interpretation über die Bedeutung dieser in den USA entwickelten Vorgehensweise.

Grundlage für die Handlungsanweisungen der in diesem Bereich zuständigen Scientologen waren Definitionen über »Ruin«-Punkte, also gesellschaftlich diskutierte Fehlentwicklungen oder Schwachpunkte in den verschiedenen Ländern der Welt. Ziel war und ist es, damit die Stimmung gegen die politisch wirkenden Kräfte anzuheizen und vor

allem mit Kampagnen eventuell geplante kritische Auseinandersetzungen mit der Scientology-Organisation zu verhindern oder umzusteuern. Zuständig für diese Aktionen
war der Vorläufer des heutigen Office of Special Affairs, das
Guardian Office (GO), der Geheimdienst der Organisation.

Für Deutschland wurde im Rahmen dieses »Snow
White«-Programms unter dem Stichwort »Project Coal«
die Anweisung Nr. 732 der Guardian Office vom 20. April
1973 bekannt. Der »Ruin-Punkt« der Deutschen ist nicht
schwer zu ermitteln.

Die Bundesrepublik Deutschland ist besonders empfindlich,
wenn es um Beschuldigungen im Hinblick auf Völkermord geht,
da das Verhalten der Nazis gegenüber den Juden den Impuls
für die Konventionen lieferte. Das Land strengt sich an, um
seinen Ruf als Verbrecher loszuwerden. Dieses ist eine Form
der Politik.

(a) Koordinieren Sie alle Aktionen mit dem GO, und operieren
Sie nur durch das GO. Ein Verfahren ist bereits im Gange.

(b) Benutzen Sie vorhandene Rechtsanwälte, finden Sie heraus,
welche Gesetze in Deutschland zu beachten waren, um
die Völkermordkonvention durchzusetzen, wer sie unter-
schrieb und ratifizierte.

(c) Setzen Sie alles daran, durch Vorladungen in laufenden Pro-
zessen und anderen legalen Auseinandersetzungen, jegliche
Akten und Dossiers bezüglich Scn (Scientologen) oder ihrer
Führer zu erhalten.

(d) ...

(e) Fertigen Sie einen groben Entwurf einer Petition an, um in Erfahrung zu bringen, welche Behörden in Deutschland in die Gesetzgebung unter b) einbezogen waren. Dies umfasst sowohl alle Referenzen und Dokumente als auch den Bona-fide-Status von Scn. Führen Sie jeden auf, der die Konventionen übertreten hat, Schulddokumente, die die Verletzung der Klausel belegen.

(f) Lassen Sie den Anwalt den Rest machen.

(g) …

(h) Nutzen Sie jegliche Vorteile.

(i) Falls Sie nicht wirklich Erfolg haben, stellen Sie sicher, dass alle Möglichkeiten ausgeschöpft werden, gehen Sie vor die UN und die EU-Kommission.

(j) Dies wirkt wie ein Abschreckungsmittel in Bezug auf weitere Angriffe.

(Landesamt für Verfassungsschutz Baden Württemberg [Hrsg.]: »Der Kampf der Scientology-Organisation um die Anerkennung der Gemeinnützigkeit in den USA und seine Auswirkungen auf Deutschland«. Stuttgart, 2004, S. 14)

Die Kampagnenvorgabe ist formuliert und wird bis heute umgesetzt. Sobald sich in der Bundesrepublik Deutschland einzelne Personen, Behörden oder Regierungsstellen in Bund und Ländern kritisch mit dem System Scientology auseinandersetzen, kommt die Diskussion um mögliches Nazigedankengut bei einzelnen Menschen hoch, oder die Politik wird praktisch in die Folge der Schreckensherrschaft der Nazis gerückt. Besonders deutlich wurde diese Strategie weltweit, als in den 90er Jahren die Organisation in US-amerikanischen Zeitungen große Anzeigen schaltete, die die damalige bundesdeutsche Politik bezichtigten, die

Mitglieder der Scientology-Organisation würden verfolgt wie unter den Nazis die Juden. Auch die Formulierungen in den 1973 erlassenen Anweisungen des GO, dass bei erkennbarem mäßigen Erfolg der Umsetzung der Gesamtstrategie Institutionen wie die Vereinten Nationen (UN) angerufen werden sollen, werden weiter befolgt. Insbesondere nach der Erteilung des Status der Gemeinnützigkeit in den USA Anfang 1993 unter der Clinton-Ära findet sich die Bundesrepublik Deutschland regelmäßig neben anderen kritisch gegenüber der Organisation eingestellten europäischen Ländern wie Frankreich oder Belgien in den Berichten des US-Kongresses wegen angeblicher religiöser Diskriminierung von Scientology-Mitgliedern wieder.

Die Erstellung solcher Zerrbilder zur Diffamierung von Deutschen und Deutschland durch die Geheimdienstabteilung der Organisation dienen aber auch nach innen zur Disziplinierung und wahrscheinlich auch zum Erzeugen von Ängsten bei der Anhängerschaft. Die gewünschte Verinnerlichung, zu einer verfolgten Gruppe zu gehören, die wegen der bahnbrechenden Erkenntnisse des L. Ron Hubbard, die die verblendete, kranke Welt nicht erkennen will, kann zum innerscientologischen Elitedenken durchaus beitragen. Gezielt wird dann auch in Veröffentlichungen der obersten Führung darauf abgehoben, dieser Aspekt immer wieder betont. So zum Beispiel in einem Sonderbericht zum 15jährigen Bestehen der International Association of Scientologists (IAS) aus dem Jahr 1999. Dort heißt es:

In Kanada und Deutschland wurden tückische Razzien auf unsere Kirchen verübt, die an die völkermörderischen Übergriffe auf Religionen in »weniger informierten« Zeiten und Gesellschaften erinnerten.

Ein Geheimdienst wäre keiner, wenn er nicht regelmäßig über die Lage im Feindesland aktuelle Berichte erstellen würde, um auf eventuell aufkommende Probleme reagieren zu können. Eine weitere Eigenschaft solcher Einheiten ist das Bestreben, dass diese Auswertungen und sich daraus ergebende Aktivitäten eben von den zu Feinden Erklärten nicht entschlüsselt werden können. Dieses gilt auch für den scientologischen Geheimdienst:

> Da von OSA-Organisationseinheiten ein ausgedehntes Berichtswesen, zum Beispiel die Erstellung regelmäßiger Lagebilder, verlangt wird, sollen sensible Informationen verschlüsselt übermittelt werden. Bezüglich der Geheimhaltung von Informationen wurde eine vorbereitete Verpflichtungserklärung bekannt, die bei Nichteinhaltung eine Strafe von 30.000 DM vorsah.
>
> (Landesamt für Verfassungsschutz Baden Württemberg [Hrsg.]: »Der Kampf der Scientology-Organisation um die Anerkennung der Gemeinnützigkeit in den USA und seine Auswirkungen auf Deutschland«. Stuttgart, 2004, S. 71.
> Diese bekannt gewordene Direktive zur Lagebeschreibung stammt im Übrigen nicht mehr aus den Jahren 1950–1980, sondern vom 26. Juni 1995)

Nicht nur im Hinblick auf Diffamierung von Personen oder politischen Desinformationskampagnen muss die Anti-Psychiatrie-Theorie der Scientology herhalten. Überall in der Welt, wenn Schreckliches passiert, haben die Scientologen die Hintermänner erkannt und benennen sie, es hat immer etwas mit den bösen Psychiatern zu tun und immer mit dem Alleinvertretungsanspruch von Theorie und Praxis für die Zukunft. Beim Kosovo-Konflikt hatte ein hochrangiger Scientologe die Erklärung parat, dass die »wahren Hintergründe« erkannt wurden, nämlich die »kriminellen Psychiater«, die für den Konflikt verantwortlich seien, wären bereits 1941 die »Anstifter« der Besetzung Jugoslawiens durch Hitler-Deutschland gewesen und Massenmord auf dem Balkan sei »nach psychiatrischen Rassetheorien« erfolgt.

Seit Hubbard wird gebetsmühlenartig die Anti-Psychiatrie-Karte gezogen, und der jetzige Boss David Miscavige argumentiert auf derselben Linie. Er könnte wohl auch gar nicht anders, da er schon als Kind in die Organisation geraten ist und somit sein Weltbild sich von Anfang an auf das verschwörungstheoretische Ideologiegebäude von Hubbard eingestellt hat. Anlässlich der Terroranschläge in den USA am 11. September 2001 war er natürlich zur Stelle und verkündete, dass nur die Scientologen einen wirtschaftlichen und gesellschaftlichen Zusammenbruch verhindern können, und natürlich sind auch bei den Attentätern die scientologisch üblichen Verdächtigen am Werk gewesen:

Das wird gemacht, indem man sie (die Attentäter, d. Verf.) unter Drogen setzt, sie hypnotisiert ... Das alles ist das Rüstzeug der Psychiater. Das sind keine Mutmaßungen. Das sind Fakten. Und wenn Sie immer noch Zweifel haben, dann schauen Sie sich die Tatsache an, dass die rechte Hand des Hauptverdächtigen – Osama bin Laden – Psychiater ist.

(Miscavige, David: »Besondere Botschaft an alle Scientologen vom Vorsitzenden des Religious Technology Center«. 11. September 2001)

Der Kampf um die Welt gegen irdische und intergalaktisch programmierte Wesen hat seine zu demaskierenden Akteure. Der Alleinvertretungsanspruch von Scientology wird gerade immer wieder in den Einheiten mit dem Stempel des Kampfes um Menschenrechte, egal mit welchem Zusatz, besonders deutlich. Und die Strategie, darüber auch prominente nichtscientologische Fürsprecher zu finden, scheint immer wieder erfolgreich zu sein.

Einflugschneise Wirtschaft

Scientology – ein Wirtschaftsunternehmen. Derartige Verkürzungen in der Öffentlichkeit prägen häufig die Meinung. Abgestellt wird bei dieser Formulierung meistens auf die Kosten, die auf die Mitglieder für Kurse, Seminare, den unvermeidlichen Hubbard-E-Meter, Bücher usw. zukommen. Die Einnahmequelle über die Mitglieder ist sicherlich ein Hauptbestandteil der Finanzierung des Gesamtsystems. Dass die Scientology-Einheiten mit Vereinsstatus auf Gewinnerzielung ausgerichtet sind, hatte bereits 1995 im »Verwaltungsgerichtsverfahren« hinsichtlich des Vereins, Scientology Kirche Hamburg e.V., erst das Oberverwaltungsgericht festgestellt, und diese Auffassung wurde vom Bundesverwaltungsgericht bestätigt. Darüber kann es zumindest in Deutschland eigentlich keine Diskussion mehr geben. Dass es auch um Geld geht, ist höchstrichterlich geklärt.

Zum System gehört aber auch ein Wirtschaftsarm: das World Institute of Scientology Enterprises. Jetzt kann man erst einmal die Auffassung vertreten, dass nichts dagegen einzuwenden ist, wenn Mitglieder einer Organisation auch Firmen leiten und darauf achten, dass ihre Mitarbeiter/innen derselben Organisation angehören. Gegenseitige Hilfestellung auch im Wirtschaftsleben kennt man ja aus vielen Bereichen. Bei der vehement nach außen vertretenen Darstellung, man sei eine Religionsgemeinschaft, die Kosten der Kurse seien Spenden, und irgendwie müsse man sich ja finanzieren, stellt sich schon die Frage: Warum eine separate Abteilung im Gesamtsystem von Scientology-Unternehmen?

Wann und wie es zur Gründung dieser Teilorganisation kam und ob Hubbard selbst allein verantwortlich dafür zeichnete, ist umstritten bzw. schwer recherchierbar. Das ehemalige Mitglied von Scientology und von WISE, der auch die OT-Stufen bis zum operierenden Thetan der Stufe V erreicht hat, Tom Voltz, geht in seinem Buch von folgender These zur Etablierung von WISE aus:

WISE ist meines Wissens keine originäre Idee von L. Ron Hubbard. In einem Brief vom 1. Februar 1979 schreibt Hubbard an die offenbar kürzlich gegründete Vereinigung: ... Ich bin äußerst erfreut über die Ziele und Absichten von WISE.
Für viele Scientologen mit Firmen oder Karrieren habe ich Management-Beratungsdienstleistungen erbracht. Sie baten mich um diese Dienstleistungen, ich sollte sie in der unverfälschten Anwendung meiner Verwaltungstechnologie beraten und ihren Erfolg sichern. Diese Klienten, Scientologen, sind alle potentielle WISE-Mitglieder.

Damals ging es also nur darum, für Scientologen eine interne Anlaufstelle außerhalb der »Kirche« zu schaffen, damit sie die Hubbard-Schriften für ihre Firmen benutzen und Unternehmensberatung erhalten konnten.

Dann wurde offenbar schnell erkannt, dass man durch die »Verweltlichung« der »religiösen« Hubbard-Schriften ein noch gänzlich unberührtes Finanzpotential anzapfen konnte: die Wirtschaft als Ganzes.

Die WISE-Richtlinie Nr. 1 von 1986 erklärt als eines der Ziele von WISE:

DIE ADMINISTRATIVE TECHNOLOGY L. RON HUBBARDS IN JEDEM UNTERNEHMEN DER WELT VOLL ZUM EINSATZ ZU BRINGEN.

(Voltz, Tom: »Scientology und [k]ein Ende«. Düsseldorf, 1995, S. 116f.)

Kann man wohlwollend am Anfang noch davon ausgehen, dass die Gründung von WISE ein Angebot an die Mitglieder in der Wirtschaft war und wahrscheinlich auch in den ersten Jahren so praktiziert wurde, ist die zitierte Richtlinie doch nun wohl so zu interpretieren, dass spätestens ab 1986 weltweit der Auftrag erging, jedes Unternehmen, egal welcher Größe, mit der scientologischen Technologie zu beglücken.

Das Anwendungsgebiet wurde dann im Laufe der Zeit auch noch ausgeweitet. So liest sich die Stellungnahme des Internationalen Direktors von WISE in der Veröffentlichung der Mitglieder etwas anders, denn nun ist die L. Ron Hubbard Verwaltungstechnologie nicht nur in der Wirtschaft zu verbreiten, sondern auch in anderen Organisationen und bei Regierungen (»To get LRH administrative technology broadly use in every business, organisation and government on the planet.« Drader, Don: »What is WISE?«, 1997, S. 6)

Innerhalb des Verbandes gibt es unterschiedliche Mitgliedschaften. Von der Einzelmitgliedschaft, für die man nach allen bisherigen Erkenntnissen nicht einmal ein Mitglied der Gesamtorganisation Scientology sein muss, über die Firmenmitgliedschaft bis hin zur Mitgliedschaft im Führungsrat. Bei den Mitgliedern des Führungsrates kann man dann von besonderer Verantwortung für die Verbreitung des Hubbard'schen Gedankengutes sprechen, denn diese Mitgliedschaft ist nach den Unterlagen für diejenigen bestimmt, die »strategisch daran arbeiten, die Verwaltungs-Technologie von L. Ron Hubbard in Spitzenunternehmen ihres Landes, anderen Vereinigungen, Gemeinden, Ländern und Regierungen einzuführen«. (Voltz, Tom: »Scientology und [k]ein Ende«. Düsseldorf, 1995, S. 118)

Ethik in die Geschäftswelt bringen

Mit der Maßgabe, die Verwaltungstechnologie Hubbards einzuführen, ob nun als Einzelmitglied von WISE, als Mitarbeiter einer Firma oder als Führungsratsmitglied in größeren Unternehmen, bei der Formulierung des Verhaltenskodexes wird die Zielrichtung deutlich, der für Mitglieder von WISE formuliert wurde:

Der Verhaltenskodex von WISE-Mitgliedern unterscheidet sich in ihrer Aussage nicht von anderen Aussagen für alle Mitglieder der Organisation. Es wird ein Versprechen formuliert, und dieses Versprechen soll die Mitglieder eng an die Vorgaben von L. Ron Hubbard zum Verhalten binden. So sollen die WISE-Mitglieder unter anderem versprechen, durch ihre Tätigkeit ein gutes Beispiel für die Hubbard'sche Verwaltungs-, Ethik- und Rechtstechnologie zu sein und auch andere davon zu überzeugen. Im englischen WISE-Directory von 1997 zum Beispiel findet sich der WISE-Kodex, der im Ganzen so interpretierbar ist, dass alles auf die Anwendung und Verbreitung der Ideologie ausgerichtet ist. Es wird versprochen, immer präsent zu haben, welche Inhalte die L. Ron Hubbard-Technologie bedeutet, es wird versprochen, sie anzuwenden und natürlich durch Anwendung auch andere zu überzeugen. So heißt es unter Punkt 3: »I promise to always acknowledge L. Ron Hubbard as the source or the administrative, ethics and justice technologies and ensure others do as well.« Und auch die grundsätzlichen scientologischen Aussagen zur Welt und Rechten von Menschen finden sich im Kodex für die im Wirtschaftsleben aktiven Scientologen: »23. I promise to take responsibility to bring about a new civilisation in which the able can prosper and honest people have rights.«

Das Versprechen, an einer neuen Zivilisation mitzuarbeiten, in der die Fähigen erfolgreich sind und ehrliche Menschen Rechte haben. Das ist eine der Kernaussagen des Gesamtsystems Scientology, und *wer* fähig ist, wird in der Organisation entschieden, und wer ehrlich ist auch. Entwicklungschancen und Rechte werden abgeleitet vom Wohlverhalten im Gesamtsystem. Deutlich beschrieben werden diese Ansprüche im Buch von Hubbard »Einführung in die Ethik der Scientology«. Es ist eines der entscheidenden Bücher in der Organisation. In diesem Buch wird differenziert zwischen sozialen und antisozialen Persönlichkeiten, in systemkonforme und andere.

Die Ethik-Offiziere, die allen Scientologen in ihrem scientologischen Leben immer mal wieder begegnen können, sind also auch in den scientologischen WISE-Betrieben präsent. Folgt man der Definition des WISE-Kodexes zur Verbreitung der Technologie, soll jedes WISE-Mitglied dafür sorgen, dass die Ethik-Interpretation und die Überwacher der Einhaltung – eben diese Ethik-Offiziere – in den Firmen, Institutionen und Regierungen durch eben diese Mitglieder eingeführt werden. Alles, was zur Verbreitung für jeden Einzelnen gilt, gilt demnach auch für jede scientologische Firma.

Man hätte es nicht mit Hubbard und seiner Organisation zu tun, wenn es nicht verschiedene Aussagen zur scientologischen Ethik gäbe. Denn nach außen braucht man schon eine Definition, die es der nichtscientologischen Welt schwermachen soll, die eigentliche Bedeutung zu erkennen und die eventuellen Gefahren für die Menschen in einem Betrieb oder auch für das gesamte Unternehmen zu erkennen.

Zusammenfassend zum Zweck dieser anscheinend unterschiedlichen Begriffsdefinitionen schreibt Tom Voltz:

Diese Definitionsverwirrungen haben nicht nur System, sondern auch einen klaren Nutzen: Kein Scientologe kann kommen und vorbringen, sein ethisches Empfinden sage ihm, dieses oder jenes innerhalb der Scientology müsse verändert beziehungsweise verbessert, diese oder jene Richtlinie von L. Ron Hubbard besser gestrichen werden. So kann Scientology in der Öffentlichkeit zwar stets eine akzeptable Definition oder Erklärung von Ethik vorlegen (so auch in ihrer neuesten Ausgabe von »Was ist Scientology?«), im hausinternen Gebrauch jedoch dafür sorgen, durch die Ethik-Abteilungen so genannte »Gegenabsichten« zu entfernen.

(Voltz, Tom: »Scientology und [k]ein Ende«. Düsseldorf, 1995, S. 159)

Ethisch ist, was der Organisation nützt, unethisch, was sich ihr in den Weg stellt. Eigentlich klare Vorgehensweise, und diese gilt dann auch in der Wirtschaft.

Im WISE-Verhaltenskodex wird dann auch Bezug genommen auf Verständnis von »Recht« im Hubbard'schen Sinne. Dieses ist auch logisch, denn die Ethik-Definition ist mit »Recht-Definition« untrennbar verbunden.

Von diesen Definitionen erfahren die durch Scientologen im WISE-Bereich angeworbenen Menschen natürlich nicht sofort, sondern erst, wenn sie darüber in die Gesamtorganisation integriert sind. Mit der Bindung über die Mitgliedschaft in WISE, sei es nun als einzelne Person oder als Firmeninhaber, wird durch den abgelegten Verhaltenskodex für denjenigen auch bindend, dass er nun bei Streitigkeiten kein Gericht anrufen kann, sondern dem Rechtssystem Hubbards folgend, das WISE Charter Komitee zur Lösung der Probleme einzuschalten hat. Don Drader, zur damaligen Zeit internationaler WISE-Chef, stellt es in einem Interview so dar, dass es bei Unkenntnis der Wortdefinitionen in Scientology und deren Bedeutung im System so klingt, als wäre es eine ganz normale Schlichtung zwischen Vertragspartnern.

»Was ist ein WISE-Charter-Committee?« Drader: »Das ist ein Komitee aus Mitgliedern, die darüber wachen, dass alle WISE-Angehörigen ihre aus der Mitgliedschaft erwachsenden ethischen Verpflichtungen einhalten. Bricht zum Beispiel zwischen zwei Mitgliedern ein Konflikt aus, dann liegt das in der Regel daran, dass jemand die Verwaltungstechnologie nicht richtig angewandt hat. Ein Vertreter des ›Charter Committee‹ wird dann – unter Anwendung von Hubbards Technologie auf ethischer, rechtlicher und kommunikativer Ebene – die Kontrahenten dazu bringen, sich zu einigen.« »Dürfen WISE-Mitglieder einander vor ordentlichen Gerichten verklagen?« Drader: »Nein, sie willigen ein, ihre Meinungsverschiedenheiten über das Charter Committee zu lösen.«

(Kruchem, Thomas: »Staatsfeind Scientology?«. München, 1999, S. 171)

Wie weit es eine Firma in die Abwärtsspirale treiben kann und wie es zugeht, wenn ein Mitarbeiter nach den Prinzipien Hubbards geführten Unternehmen nicht mit ansehen will, dass die Firma in den Ruin getrieben wird und auf die scientologische Ethik setzt, verdeutlicht folgende Darstellung:

Paul Nager ist verzweifelt, fühlt sich in einer ausweglosen Lage. Er muss mit ansehen, wie Gelder aus der Firma, in der er arbeitet, abgezogen werden und zu Scientology fließen. Die Firma vertuscht und verschleiert diese so genannten Spenden in Millionenhöhe, Bilanzen werden gefälscht, Schmiergelder gezahlt. Paul Nager ist Scientologe, er arbeitet in der Firma des Scientologen Marker. Nagers Versuche, die Angelegenheit »Scientology-intern« zu regeln, scheitern. So sieht er nur noch die

Möglichkeit, bei der Kriminalpolizei Anzeige zu erstatten. Nager scheint nicht zu wissen, dass er allein dadurch schon ein nicht mehr gutzumachendes scientologisches Schwerverbrechen begangen hat. Wer außerhalb von Scientology Gerichte anruft oder nichtscientologischen Behörden Beweismaterial übergibt, wird zum Verbrecher (suppressive person) erklärt. Nager scheint auch nicht zu begreifen, dass dies ein prinzipieller und »ethischer« Grundsatz der von ihm immer noch geschätzten Scientology-Organisation ist und nicht etwa eine Anordnung der derzeitigen Führung.

(Kemming, Sabine; Potthoff, Norbert: »Scientology Schicksale. Eine Organisation wird zum sozialen Störfall«. Bergisch-Gladbach, 1998, S. 138)

Dokumentiert wird an diesem Schicksal von Menschen und Firma auch die Verzweiflung des scientologischen Chefs von Nager, denn auch dieser ist ja überzeugt, einem ehrenwerten System anzugehören und den besten Weg für sich und seine Firma gewählt zu haben. Seine Verzweiflung, nicht seine Zweifel, wird in dem Bericht deutlich, den er an die Organisation schreibt. Er nennt diesen Bericht »Dinge, die nicht sein sollten«. Er schreibt:

1989 startete ich bei Scientology. Ich bin ein »Patron Meritrious« (Auszeichnung für eine Geldspende an die IAS von 250.000 US-Dollar, d. Verf.) und »Clear«. Ich tat alles, was möglich war, um die Verbreitung von Scientology auf dem Planeten mit all dem Geld, das ich besaß, und meiner Arbeit während meiner Zeit als Sea-Org-Mitglied zu unterstützen. Ich habe eine Menge Fehler gemacht, aber dahinter war immer die Absicht zu helfen. Jetzt befindet sich meine Firma in einer aussichtslosen Lage, und mir wird gedroht, dass ich aus Scientology hinausgeworfen werde. Das ist nicht in Ordnung.

(Kemming, Sabine; Potthoff, Norbert: »Scientology-Schicksale. Eine Organisation wird zum sozialen Störfall«. Bergisch-Gladbach, 1998, S. 139f.)

Ethik- und Rechtssystem sind anwendbar. Probleme treten also auch dann auf, wenn es außer der Hubbard'schen Richtlinie andere Vorstellungen gibt, denn Fremd- und Gegenabsichten zur Lehre sind unethisch. Es braucht nicht viel Phantasie, um sich auszumalen, wer von den Kontrahenten vor einem Komitee dieser Art den Kürzeren zieht, wohl der, dem irgendein Abweichen von den Linien der Technologie nachweisbar ist.

Im Leben erfolgreich sein

Kommunikationstrainer, Fahrlehrer, Immobilienmakler, Rechtsanwälte, Scientologen und häufig genug WISE-Mitglieder kann man auf vielen Gebieten treffen. Angebote von Motivations- oder Kommunikationstrainings für Unternehmen gibt es viele. Personalentwickler in der Wirtschaft wollen von der Arbeitsplatzbeschreibung her natürlich dafür sorgen, dass die Mitarbeiter/innen gut geschult werden und auch Schwierigkeiten im Miteinander beheben können. Ein gutes Betriebsklima hat wohl noch keinem Unternehmen geschadet.

Nach der Hubbard'schen These, die so genannten »Ruin-Punkte« in einer Firma zu entdecken, ist das Angebot von WISE-Firmen zur Verbesserung der Kommunikation im

Unternehmen eine ideale Herangehensweise, um in einer Firma Fuß zu fassen. Die Firmennamen lassen in der Regel weder erkennen, dass das Angebot zum Training der Mitarbeiter/innen auf den Grundlagen von L. Ron Hubbard basiert, noch dass es sich bei der Angebotsfirma quasi um einen Teil des Gesamtsystems Scientology handelt. Wer würde schon in Zusammenhang mit einer Akademie für Management und Kommunikation (AMK) Scientology vermuten? Bei einigen Trainingsangeboten wird im Kleingedruckten immerhin L. Ron Hubbard gedankt, das wäre für einen aufmerksamen Personalentwickler ein untrügliches Zeichen. Aber selbst, wenn das auffallen sollte, sind die entsprechenden Scientologen sehr schnell mit der Erklärung dabei, dass das nichts mit der Scientology zu tun hat, sondern nur die Basis der Vermittlung von Kommunikationstechniken ist. Also keine Gefahr, wird sich in vielen Fällen der für Mitarbeiter/innen zuständige Sachbearbeiter in einem Unternehmen denken. Wenn die Methode funktioniert, ist es ja egal, wer sie entwickelt hat. Ein Irrtum, der Folgen haben kann. Die Aussage des früheren Vizepräsidenten der Scientology-Kirche Hamburg e.V. vor dem Oberverwaltungsgericht Hamburg zur gewerblichen Tätigkeit des Vereins, dass alle Menschen, die den Kommunikationskurs nach L. Ron Hubbard besuchen, sich auf dem Wege des ehrenamtlichen Geistlichen in der Scientology-Organisation befinden, würde wohl einige doch ins Grübeln bringen, aber wer kennt schon diese Aussage?

Die Werbestrategien der WISE-Trainer unterscheiden sich nicht von anderen Angeboten. Schriftlich können sie ins Haus und auf den Tisch des Verantwortlichen in einem

Unternehmen flattern oder auch Angebote von Treffen in Hotels einer Stadt, die offerieren, dass dort eine Methode vorgestellt wird, die es dem Einzelnen ermöglicht, seine subjektiv wahrgenommenen Schwierigkeiten, die ihn bisher am Fortkommen im Beruf gehindert haben, kennen zu lernen und natürlich zu beheben. Neugierig geworden auf eventuelle Möglichkeiten, ist jeder bei diesen Anwerbeveranstaltungen willkommen. Der Personalchef ebenso wie der Handwerksmeister, der Bankangestellte oder Mitarbeiter im öffentlichen Dienst. Thema eines solchen Hotelabends kann zum Beispiel sein: »Ursachen und Grundlagen für den beruflichen Erfolg«. Über den Ablauf solcher Werbeveranstaltungen variieren die Schilderungen, aber wie es ein angeworbener junger Bankangestellter einmal geschildert hat, kann als Modell für so eine Veranstaltung gelten:

Anfang Januar wurde ich dann von Frau P. von der Firma AMK angerufen. Sie lud mich zu einer kostenlosen Veranstaltung in ein Hotel an der Frankfurter Messe ein ... Er hielt einen zweistündigen Vortrag ... Während dieses Vortrages arbeitete Herr H. im Dialog mit den Zuhörern die Bereiche »Spaß an der Arbeit« und »gute Beziehungen zu allen Vorgesetzten und Kollegen« als die wesentlichsten Erfolgsgrundlagen in fast jedem Beruf heraus.

(Christ, Angelika; Goldner, Steven: »Scientology im Management«.
Düsseldorf, 1996, S. 36)

Nach solchen einleitenden Vorträgen wird das persönliche Gespräch mit den Teilnehmern gesucht und gefunden. Dieses muss nicht unbedingt der Vortragende sein. Es kann auch von anderen Teilnehmern, die man erst einmal als nicht zum Veranstalter gehörend registriert hatte, der Kontakt gesucht werden. Die Werbestrategie besteht darin, möglichst schnell den Angesprochenen zur Unterschrift für Kurse zu bewegen. Die Kurse, die dann folgen sollten, sind weitgehend identisch mit denen, die in jeder Scientology-»Kirche« angeboten werden:

In diesem Gespräch hat Herr K. nochmals massiv versucht, mich zum Besuch der beiden Seminare »Persönliche Integrität« und »Bewältigung des Auf und Ab im Leben« zu überreden. Ich hätte in diesen Bereichen meine besonderen Probleme und müsste dringend etwas dagegen tun.

(Christ, Angelika; Goldner, Steven: »Scientology im Management«. Düsseldorf, 1996, S. 39)

Die Ausbildung von Mitarbeitern im scientologischen Sinne, die Ansprache über erfolgreiches Management, hat auch nach dem Zusammenbruch des Eisernen Vorhanges in Osteuropa eine nicht zu unterschätzende Rolle beim Wirken der Scientologen gespielt. Auch dort ging es darum, über diesen Weg Scientology zu etablieren. Wie es einem osteuropäischen Geschäftsmann ergehen kann, der in die Fänge geriet, zeigt das Beispiel der Firma Business Success, gegen dessen Schilderung Scientology offenbar keine Einwände vorgebracht hat.

Business Success wurde ursprünglich von Ing. Fritz S., einem OT VIII-Scientologen, … und Dr. Erwin A, ebenfalls OT VIII und

nach seinen Finanzkunststücken auf der Flucht vor dem Finanz-
amt und der Justiz, gegründet. Das Unternehmen hieß damals
»Spohn und Partner« und bot in erster Linie das »Unglaubliche
Verkaufsseminar« an ... Dazu kam dann bald ein so genanntes
»Motivationsseminar für Führungskräfte« ... Das Seminar war
und ist 100 % Scientology.

(Handl, Wilfried: »Scientology Wahn und Wirklichkeit«. Wien, 2005, S. 249)

Diese Firma mit dem Stammhaus inzwischen in Wien gründete Filialen in Ungarn, der Slowakei und Tschechien. Waren
und sind die geschäftsführenden Personen in der Slowakei
und Tschechien nach allen bekannten Informationen linien-
treue Scientologen und der Verantwortliche in der Slowakei
auch stolz darauf, der erste »Clear« in seinem Land geworden
zu sein, hatte es der Geschäftsführer in Ungarn, der sich den
Anwerbeversuchen erfolgreich widersetzte, mit Turbulenzen
zu tun. Anscheinend waren die WISE-Manager der Internationalen Ebene zwar einigermaßen zufrieden mit den Er-
gebnissen dieses Unternehmens, aber es lief wohl nicht ganz
nach Linie. Der Umgang mit dem »störrischen« Ungarn ist
typisch.

Die Ungarn unter Führung von Laszlo A. taten weder noch,
sondern sahen im Auftreten der beiden Herren von WISE eher
eine Erpressung, bei der man nur die Polizei holen müsste, um
Derartiges zu unterbinden ... Alle waren auf Linie gebracht
worden, nur der »störrische« Laszlo A. nicht, der weder mit
WISE noch mit Scientology etwas zu tun haben wollte. Also
schickte man ihm sechs Mann vor die Tür und in dem an-
schließenden Gespräch prophezeite man Laszlo A. eine böse

Zukunft ... Auf jeden Fall verlor Laszlo A. fast alle seine rund 30 Mitarbeiter, denen die Frage gestellt wurde: »Entscheidest du dich für Laszlo A. oder Scientology?« Und da es meist Scientologen waren, war die Antwort absehbar: Hände an die Hosennaht.

(Handl, Wilfried: »Scientology Wahn und Wirklichkeit«.
Wien, 2005, S. 254)

Wer nicht systemkonform funktioniert, bekommt Probleme. Diese Erfahrung musste nicht nur der ungarische Geschäftsmann machen. Das WISE-Firmenprinzip kennt nur die gehorsame Anwendung. Die rheinland-pfälzische Landesregierung hat sich zum Führungsverhalten in der Scientology wie folgt geäußert:

Management by Angst und Schrecken. Dies betrifft das Führungsverhalten in Unternehmen, d. h. die Führungsqualität bei Scientology. Sie ist in der Regel von starren, rigiden und autoritären Führungsmustern geprägt.

(Ministerium für Kultur, Jugend, Familie und Frauen,
Rheinland-Pfalz: »Scientology in der Wirtschaft«. Mainz, 1995, S. 14)

Einmal angeworben für Trainings in einer WISE-Firma, wird derjenige, der sich dann der Fürsorge der um ihn herum agierenden Mitglieder von Scientology sicher sein kann (»love bombing«), nun sozusagen als Keimzelle der Ideologie in seiner Firma wirken. Je länger dabei, je verinnerlichter die Handlungsweise, dient er bewusst oder auch unbewusst der Expansion der Organisation. Von gewissem Vorteil ist dann, dass man in der Regel von den Kollegen oder Vorgesetzten einiges weiß. Der Eine oder die Andere spricht im Betrieb auch mal über persönliche Probleme oder über die eventuelle Arbeitsbelastung im Unternehmen. Hier kann die Basis sein, persönliche Kontakte beschleunigen die Bereitschaft, sich etwas anzuhören, um an der persönlichen Situation etwas zu ändern. Den Kollegen, die Kollegin kennt man vielleicht schon eine ganze Zeit, warum also Misstrauen zeigen? So kann es manchmal erschreckend schnell passieren, dass sich innerhalb eines Unternehmens die Kursabsolventen von Scientology-Seminaren häufen und Schritt für Schritt ein irdisches Wesen zum Scientologen geformt wird. Einer der einschneidensten Fälle für ein Unternehmen ist bekannt geworden. Es mag beispielhaft dafür stehen, wie Mitglieder von Scientology – dafür braucht es noch nicht einmal die WISE-Mitgliedschaft – ihre Ergebenheit zum System Scientology anwenden, zum Schaden von Kollegen und dem Unternehmen. In diesem Fall war der Scientologe in einem großen Konzern zum Betriebsratsmitglied geworden. Er fliegt mit seinen Werbemethoden für die Scientology auf. Im arbeitsrechtlichen Verfahren wird Folgendes festgestellt:

Missbrauch der Vertrauensstellung. Kollegen, die Rat suchten, wurden nach Frankfurt/Main ins Dianetik-Center geschickt, um dort ihre Nöte durch scientologische Maßnahmen zu lindern. … Alkoholikern versprach der Betriebsrat Heilung durch Scientology. Das Gericht sah es als besonders verwerflich an, dass diese von ihm zu Scientology geschickt wurden, statt zu einer Langzeitentwöhnungskur … Störung des Betriebsfriedens durch aktive Werbung für Scientology am Arbeitsplatz, Weitergabe von Adressen ohne Wissen der Beteiligten und der Missbrauch betriebseigener Mittel ...

(Christ, Angelika; Goldner, Steven: »Scientology im Management«. Düsseldorf, 1996, S. 151)

Die Auswirkungen auf ein Unternehmen mit scientologisch funktionierenden Mitarbeitern können gravierende Folgen haben. Dafür bedarf es nicht eines Betriebsratsmitgliedes.

Der bei Scientology systemimmanente hohe Geldbedarf kann unter Umständen zu strafrechtlich relevantem Verhalten führen. Realitätsfremde und damit firmennachteilige Entscheidungen sind denkbar. Ein weiterer Aspekt ist die möglich Erpressbarkeit von Mitarbeitern, z. B. in Bezug auf Firmenloyalität, Adressen-weitergabe bzw. die Weitergabe firmeninterner Daten.

(Ministerium für Kultur, Jugend, Familie und Frauen, Rheinland-Pfalz: »Scientology in der Wirtschaft«. Mainz, 1995, S. 14)

Das Ende eines Zuverdienstes

Der Arbeitsplatz, sei es ein fester oder ein zeitlich befristeter, birgt bei einem scientologischen Kollegen die Gefahr, hineingezogen zu werden.

Eine junge Frau, die sich zur Schauspielerin berufen fühlt, der aber der Durchbruch nicht recht gelingen will, versucht zumindest, mit kleinen Jobs zu ihrem Lebensunterhalt beizutragen. Bei einem großen Hamburger Verlag arbeitet sie für ein paar Wochen als Promoterin, will heißen, sie wird mit einem Kollegen an einem Stand den vorübergehenden Menschen die Zeitschriftenprodukte nahebringen und sie, wenn möglich, von dem Vorteil eines Abonnements überzeugen. Der Kollege, mit dem sie gemeinsam diesen Job erledigen soll, ist ein Scientologe, was sie nicht weiß und wahrscheinlich auch nicht der Verlag, der ihn beschäftigt. Die beiden verstehen sich gut, der Job lässt auch Zeit, sich näher kennen zu lernen. Die junge Frau erzählt von ihrer Situation, die sie weder beruflich noch privat als befriedigend empfindet. Da es mit der Schauspielerkarriere nicht so recht vorangeht, sie immer noch bei ihrer Mutter wohnt und auch ihre Liebesbeziehung in einer Krise steckt, offenbart sie dem scientologischen Kollegen alle ihre »Ruin-Punkte«, bei denen er mit dem Angebot einer Lösung ansetzen kann. Er erzählt auch von sich, ist freundlich, fröhlich, und die junge Frau hat das Gefühl, da ist jemand mit ihr auf gleicher Wellenlänge. Es mag auch die Neigung zu esoterischen Gedankenspielen und Überlegungen, was wohl nach dem Tod passiert, bei ihr den Eindruck verstärken, jemanden getroffen zu haben, der zu ihr passt. Auch seine Schilderungen der verschiedenen Jobs, die er immer mal wieder angenommen hat, haben wohl die Ähnlichkeit der Lebenssituationen für sie verdeutlicht. Er hat schon Verschiedenes gemacht, so erfährt sie in den Gesprächen, Vertreter für Hundefutter und Versicherungen, und auch bei ihm war das Geld knapp. Auch, dass er verheiratet ist und zwei Kinder hat, erfährt sie, und er ist in der Lage, ihr zu vermitteln, dass es auf alles eine Antwort gibt. Er hat ein Lösungsangebot: Scientology. Er hätte da mal eine Zeit reingeguckt, das sei schon etwas her. Ganz unverbindlich könne sie sich doch auch mal anschauen, was so in Scientology passiert, ihm, dem Kollegen, habe es ganz gut gefallen. Er erklärt auch, dass man natürlich, wenn es einem nicht zusage, wieder gehen könne. Alles sei freiwillig, natürlich. Zu Hause: Der Mutter erzählt sie von der neuen Bekanntschaft aus dem Kollegenkreis, Einwendungen der Mutter, ob es sich um eine geschickte Werbung für Scientology handelt, wimmelt die Tochter bereits ab, »er hat doch nur mal da reingeschaut, und das sei auch schon eine Weile her«.

Der Kollege lässt nicht locker, man soll auch bei Scientology viel Geld verdienen können. Endlich geht die junge Frau auf eine unverbindliche Tasse Kaffee mit dem Kollegen, der doch eigentlich »vor langer Zeit dort nur mal vorbeigeschaut hat«. Schon denkt sie nicht mehr darüber nach, dass hier ein Widerspruch zu erkennen ist. Sie hängt am scientologischen Haken. Die Mutter registriert das mit Sorge und stellt Veränderungen fest. Nicht nur, dass sich die Bibliothek als erstes um das Buch Dianetik erweitert, die Tochter vernachlässigt ihren Job. Die Vorgesetzte ruft zu Hause an und erkundigt sich nach dem Fernbleiben der Tochter vom Job. Die Mutter ist erstaunt, denn die Tochter hat wie immer morgens früh das Haus verlassen. Doch in eine andere Richtung: zum Scientology-Gebäude. Später erfährt die Mutter, dass Scientology noch mehr zu bieten hatte als den netten Kollegen. Beim ersten Besuch hat sie ein Mann in Empfang genommen, der ihr sofort gefallen hat, und nicht nur das, er hat ihr auch geschildert, wie erfolgreich er ist, und dieses hat er einzig und allein der Tatsache zu verdanken, dass er Scientologe wurde. Gegen den netten Kollegen und eventuell den Mann fürs Leben ist die Mutter mit ihren Mahnungen machtlos. Auch die teuren

Kurse sind trotz Geldmangels kein Problem – man kann ja bei Scientology arbeiten und damit die Kurse quasi abarbeiten. Selbstverständlich kann man sie auch unterstützen bei ihrem Wunsch, als Schauspielerin weiterzukommen, schließlich sind ja genug erfolgreiche Künstler dort.

Die Mutter versucht vergeblich, den Weg in die Organisation zu verhindern. Im Gegenteil, die Tochter beginnt, die Mutter davon überzeugen zu wollen, dass auch ihr Weg zur Scientology führen kann, und die Gespräche drehen sich sehr bald nur noch über Ethik, Thetan usw. Die Mutter ist nicht zu »handhaben«, der Preis dafür, Kontaktabbruch. Mühsame Versuche, immer mal wieder ins Gespräch zu kommen, enden regelmäßig damit, dass die Tochter von der Organisation mit Aufgaben betraut wird, die ein Zusammensein mit der Mutter so gut wie unmöglich machen. Inzwischen ist sie fast sieben Jahre Scientologin. Als Schauspielerin ist sie immer noch niemandem bekannt. Der berufliche Weg sind Jobs mal direkt bei Scientology, mal bei WISE-Firmen, aber auch ein banaler Putzjob dient dem Lebensunterhalt. Ihr Nebenjob führte sie in ein Leben in Scientology, verbunden mit dem Bruch zur Mutter und nach all den Jahren wohl auch mit den Träumen, irgendwann eine erfolgreiche Schauspielerin zu sein.

Weiterbildung im WISE-Unternehmen

Nein, WISE als Organisation unterhält keine eigenen Kursleiter. Ein Unternehmer kann Mitarbeiter an einem »Hubbard College« zu Kursleitern ausbilden lassen oder freiberuflich arbeitende Kursleiter engagieren. Es gibt ja Consulting-Firmen, die, kraft einer speziellen Form der Mitgliedschaft, das Recht besitzen, WISE-Kurse zu verkaufen. Ich selbst habe für eine solche Firma gearbeitet und Kurse für 800 bis 900 Dollar verkauft – Kurse über zum Beispiel »Management anhand von Statistiken« oder »Die Auswertung menschlichen Verhaltens«.

Die Antwort des WISE-Chefs Don Drader auf die Frage, ob WISE Leute in Scientology-Kurse schickt. Auf die weiterführende Frage, ob ein WISE-Mitglied verpflichtet ist, die Hubbard-Technologie in seinem Unternehmen anzuwenden, kommt als Antwort:

Nein. Aber warum sollte jemand, wenn er das nicht will, WISE-Mitglied werden? Wir üben da keinerlei Druck aus, bieten aber jedem Mitglied, das ein Problem hat, unseren Rat an, die Technologie richtig anzuwenden und so sein Unternehmen zum Erfolg zu führen.

(Kruchem, Thomas: »Staatsfeind Scientology?«. München, 1999, S. 170ff.)

Das klingt doch sehr freundlich, und er selbst hat ja nur gute Erfahrungen, ein funktionierender Scientologe im Gespräch mit einem Journalisten. Die Innendarstellung ist in der Sprache eindeutiger als der WISE-Mann. Die Verwaltungsanordnung ED1040 gibt klar zum Ausdruck, wie die Übernahme von Firmen durch Mitglieder von Scientology geschehen soll:

1. Suche dir ein Geschäft aus, welches bereits sehr gut arbeitet.

2. Wende dich an den höchsten Direktor. Biete ihm an, dafür zu sorgen, dass sein Geschäft ihm mehr Geld einbringt.

3. Lokalisiere SPs (Suppressive Person, jemand, der Scientology stört, d. Verf.) in der Organisation und wirf sie hinaus.

4. Auditiere die leitenden Angestellten und zeige ihnen, um was es sich handelt, das wird dann den Zyklus in Gang setzen: Die leitenden Angestellten werden die Jungmanager und das andere Personal dazu drängen, Auditing zu nehmen.

(Herrmann, Jörg: »Mission mit allen Mitteln.
Der Scientology-Konzern auf Seelenfang«. Reinbek, 1992, S. 108)

Dieses kann als Idealvorstellung gesehen werden. Es muss nicht immer der leitende Direktor sein, ein leitender Angestellter kann durchaus genügen.

Richtig an der Aussage im Drader-Interview ist daher sicherlich, warum sollte ein WISE-Mitglied seine Firma nicht nach der Hubbard-Technologie führen, denn nach betriebswirtschaftlichen Erkenntnissen geführte Unternehmen würden mit den Statistikdefinitionen des Herrn Hubbard und die Arbeitnehmer mit den Arbeitsbedingungen in einem solchen Betrieb wohl kaum in Einklang zu bringen sein. Das Absolvieren von Kursen nach Hubbard ist Bedingung, soll ein WISE-Betrieb funktionieren. Wie sollte sonst den Mitarbeitern klargemacht werden, was das Ethik- und Rechtssystem bedeutet, an das sie sich zu halten haben, da der Chef einem WISE-Kodex zur Einhaltung dieser Richtlinien verpflichtet ist? Bei nichtscientologischen Arbeitnehmern kann dieses durchaus als Fortbildung verkauft werden. Also rein in die Kurse des Auf und Ab im Leben, des

Erkennens von persönlichen Hindernissen, die dem Erfolg auch der Firma im Wege stehen. Wer nicht mitmacht, kann gehen, denn die Feststellung, dass es sich bei einer Person um einen Unterdrücker (Suppressive Person) handelt, kann sehr schnell erfolgen, und diese sind ja laut Verwaltungsanordnung zu entfernen.

Auch die Arbeitsbedingungen sind dem Hubbard'schen System angepasst. Arbeiten bei einem Scientologen und WISE-Mitglied heißt in vielen Fällen: kein Arbeitsvertrag, sondern ein Gewerbe anmelden, quasi als Subunternehmer für den Betrieb tätig sein. Das spart Sozialabgaben und die Verantwortung – immer nach dem scientologischen Motto, nur Tiger überleben – für den eigenen Lebensunterhalt trägt der »Mitarbeiter«. Die Weiterbildung, ob nun im Hubbard College, wie Herr Drager empfiehlt, oder gleich in der örtlichen Scientology-Organisation wird häufig genug gegengerechnet. Arbeiten für das Fortkommen auf der Brücke zur persönlichen Freiheit. Bei diesen Arbeitsbedingungen wird es schwer, außerhalb nichtscientologische Beziehungen zu pflegen, aber das ist ja auch nicht wirklich erwünscht. Das Leben wird bestimmt von der Organisation, egal, wo man arbeitet und lebt.

Zum Bestandteil in einem solchen Betrieb gehören natürlich die so genannten Wissensberichte und die Ethik-Offiziere, denn Kontrolle über das systemkonforme Verhalten steht über allem. Die Strafen sind auch scientologisch: Wer Fehler macht, kann sich leicht in Abstellkammern wiederfinden und seine »Overts« aufschreiben oder zu niederen Arbeiten abgestellt werden. Je nach Einstufung des »Fehlverhaltens« wie »Verwirrung«, »Feind«,

»Verrat«, »Zweifel« können Wiedergutmachungstaten auferlegt werden:

- Dem Vorgesetzten wird die scientologische Schuld schriftlich dargelegt und dieser erteilt – so es ihm gefällt – ebenfalls schriftlich die Annahme der »Wiedergutmachung«. Häufig werden die linientreuen Kollegen und Kolleginnen mit entscheiden, ob er oder sie wieder im Team willkommen ist;
- Leitende Arbeitnehmer können von heute auf morgen in Abstellräumen zum Blättersortieren »verurteilt« werden;
- Zahlung von Strafgeldern;
- Kaufen von Dianetik-Büchern, die dann an anderen Stellen, z. B. zum Aufbau eines neuen Dianetik-Zentrums verschickt werden;
- Darstellen der scientologischen Verfehlungen (»Overts«, d. Verf.), die dann von den »ethischen« Scientologen sowie dem zuständigen Ethik-Offizier schriftlich für erledigt erklärt werden können;
- In kleinen Räumen Werbebriefe per Hand für Scientology schreiben.

(Freie und Hansestadt Hamburg [Hrsg.]: »Bericht des Senates der Freien und Hansestadt Hamburg«. Drucksache 15/4059, 26.9.1995, S 14)

Wenn die Mitarbeiter respektive Subunternehmer gut funktionieren, werden sie scientologisch belobigt, denn die Statistiken, in der Scientologysprache Stat abgekürzt, müssen immer nach oben zeigen. Gelingt z.B. in einer Immobilienmaklerfirma von WISE dieses, sieht eine derartige Belobigung so aus:

Ihr habt wirklich den purpose der Firma toll verwirklicht, indem Ihr ausgerechtet zu RON's Geburtstag ein highest ever für dieses Jahr produziert habt, für die wichtigste Stat in der Firma, verkaufte Wohnungen ... Mit jeder Woche, die wir über 20 WE's (Wohneinheiten, d. Verf.) verkaufen, kommen wir unserem Ziel, ein neues Org-Gebäude zu finanzieren, einen Schritt näher.

(Freie und Hansestadt Hamburg [Hrsg.]: »Mitteilung des Senates an die Bürgerschaft der Freien und Hansestadt Hamburg«. Drucksache 15/4059, 26.9.1995, S. 15)

Bei dieser Sachlage ist es auch nicht verwunderlich, dass die Einkünfte über Immobiliengeschäfte von scientologisch geführten Maklerbetrieben als eine Einkunftsquelle für Scientology bezeichnet werden. Eine diesbezügliche Äußerung der damaligen CDU-Bürgerschaftsabgeordneten und heutigen Bundestagsabgeordneten Antje Blumenthal: »Grundstücks-, Häuser- und Wohnungsdeals« gehören zu den Haupteinkunftsarten der Scientology-Sekte«, wurde in einem Einstweiligen Verfügungsverfahren vor dem Hanseatischen Oberlandesgericht als richtig bewertet, und die klagenden Scientologen müssen sich seitdem diese Finanzierungslage zurechnen lassen.

Die Aktivitäten dieses zeitweise durchaus lukrativen Marktes, vor allem die Umwandlung von Miet- in Eigentumswohnungen, führten und führen immer wieder zu Auffälligkeiten. »Wie Scientology-Makler Hauskäufer übers Ohr hauen«, titelte zum Beispiel Die WELT bereits 1995. Die Unterzeile der Schlagzeile sagt in Kürze das aus, was immer wieder zu Auseinandersetzungen auch vor Gerichten führte: »Mängel verschwiegen, Kunden überrumpelt«. Mieter in den umgewandelten Wohnungen berichten ebenso von penetrantem, ja bedrohlichem Verhalten der Mitarbeiter der Maklerfirmen gegenüber den potentiellen Käufern, die häufig bei ihrem Traum, endlich Eigentum zu besitzen, nicht selten etwas kaufen, ohne es zu sehen. Verträge unterschreiben, am besten gleich beim Notar. Den Termin dort hat »freundlicherweise« der Makler übernommen. Gedrängelt wird, häufig mit dem Argument, es gibt so viele andere Interessenten, dass sich erst nach Vertragsunterzeichnung herausstellt, dass vieles nicht stimmte, was Maklermitarbeiter erzählt hatten. So sind häufig die formalen Voraussetzungen noch nicht erfüllt, die Verkäufer und Makler drängen zum Kauf, danach wird deutlich, dass der Verkäufer noch gar nicht im Grundbuch eingetragen ist. Die WELT schildert die Vorgehensweise im Artikel so:

> Auch das ist bezeichnend für die Art der Scientologen, mit der Umwandlung von Immobilien das schnelle Geld zu machen. Sie zahlen nur einen Teil der Kaufsumme an, vereinbaren einen langen Zahlungstermin und versuchen, sich in dieser Zeit durch Verkauf möglichst vieler Wohnungen Liquidität zu schaffen.

Der Druck, schnell zu verkaufen und Mängel zu verschweigen, entsteht durch das System, denn Belobigungen werden, wie gesehen, am Verkauf gemessen. Was man verkauft, wie man verkauft, zählt nicht, die interne Statistik und die Erfolgsmeldungen an die Zentralen sind der Maßstab der Dinge. Mit den Folgen haben sich die nichtscientologischen Käufer herumzuschlagen, und das kann teuer werden bei alten Immobilien, die saniert oder mindestens renoviert werden müssen. In der Zeitung liest sich die wahrscheinliche Kostensteigerung für die nun vielleicht schon nicht mehr so glücklichen Wohnungseigentümer so:

Wer sich auf ein derartiges Angebot einlässt, muss allerdings einen weit höheren finanziellen Spielraum haben. Denn meist besteht ein erheblicher Reparaturstau. In diesem Haus müssen sowohl Fassaden, die Balkone und das Dach repariert werden. Fenster, Heizung und wahrscheinlich auch der Fahrstuhl werden in absehbarer Zeit fällig. Schnell addieren sich die Kosten von mehreren hunderttausend Mark, die – geteilt durch zehn Mitbesitzer – empfindlich wehtun können.

(»Die WELT«, 30.6.1995
»Wie Scientology-Makler Hauskäufer übers Ohr hauen«, von Paul Dietz)

Gelingt es Mietern, sich gegen die Drängelei zu wehren oder wissen sie, dass die Kaufangebote für ihre eigene Wohnung mit all den bekannten Mängeln im Haus ein Topf ohne Boden werden können, haben sie es bei scientologisch agierenden Maklern nicht leicht. Denn auch für diese gilt dann das Prinzip, dass Hindernisse der Expansion, in diesem Fall die Geldbeschaffung über Wohnungsverkauf, beseitigt werden müssen. Diese »Begegnungen« können durchaus unangenehm und sehr langwierig sein. Einzustellen hat man sich unter Umständen auf Prozesse, auf immer neue Eigentümer der einzelnen Wohnungen. Manchmal kann es sogar nötig werden, während der Gegenwehr des Verkaufes der Wohnungen auch die Polizei um Hilfe zu bitten, zum

Schutz der Mieter. So geschehen beim Verkauf eines stadt-
bekannten damaligen scientologischen Maklers Ende der
80er Jahre in Hamburg.

Auch im Bereich der so genannten Finanzdienstleister
tummelt sich der eine oder andere Scientologe und WISE-
Mitglied. Gerade in diesem Bereich scheint man sich der
Lücken bei Steuergesetzen zu bedienen. »Fein, klassisch,
kriminell« titelt eine österreichische Zeitung Anfang 2007
und berichtet von einem Strafverfahren gegen ein Unternehmen, das Finanzmanagement-Dienste anbot. Die
zuständige Staatsanwaltschaft macht gewerbsmäßigen
schweren Betrug in Millionen-Euro-Höhe zum Vorwurf.
Eigentlich bewegte sich die Firma wohl schon lange am
Rande des Abgrunds. Einer der Verantwortlichen für dieses
Desaster räumte dann auch Zahlungen an die Scientology-
Organisation ein. Etwas hilflos hat er wohl argumentiert,
dass Scientology ihm Hilfe versprochen habe, die er jedoch
nicht erhalten habe. Nachdem die Ermittlungsbehörden
zugeschlagen haben, wird es wohl noch schwieriger, von
seinen Scientologen-Freunden Hilfe zu bekommen, denn
in der Regel gilt, wer durch sein Verhalten der Organisation Schaden zufügt (und ein Ermittlungsverfahren gegen
Scientologen ist so etwas) wird fallengelassen. Denn die
Argumentation der Organisation kommt in solchen Fällen
prompt: Scientology kann nichts dafür, wenn einige Mitglieder Fehler machen. Ob sich diese Menschen überhaupt
ohne Mitgliedschaft in derartige Situationen begeben hätten, diese Frage stellt zumindest im System Scientology keiner, vielleicht aber der Betroffene.

Ein Wog bekommt kein Geld

Geschäfte mit Scientologen zu machen, ist für nichtscientologische Geschäftsleute nicht ohne Risiko. Der Begriff Wog (worthy oriental gentleman) gilt innerhalb der Organisation für Nichtscientologen und kann durchaus als Schimpfwort aus dem englischen Sprachgebrauch gewertet werden. Ein Wog wird anders behandelt als ein Mitglied der Organisation. Sicherlich wird in erster Linie darauf geachtet, ob man für alle wirtschaftlichen Aktivitäten auch scientologisch geschultes Personal anheuern kann, damit die internen Richtlinien gelten und Schwierigkeiten intern behoben werden können. Für bestimmte Anlässe erscheint es aber wohl sinnvoll, Wogs die Arbeit machen zu lassen. Zu beobachten ist dieses Vorgehen häufig im Zusammenhang mit Freiberuflern wie Rechtsanwälten, Notaren, Steuerberatern oder Architekten.

Mandanten oder Kunden, die mit einem Anliegen vorbeischauen, wird man erst einmal nicht fragen, ob sie von Scientology geprägt sind und dieses System als Handlungsmaxime verstehen. Eine Schlagzeile in der BILD-Zeitung »Ja, ich diene der Sekte«, wie sie in den 90er Jahren von einem scientologischen Immobilienmakler zu lesen war, ist in dieser Klarheit eher selten.

Es scheint so, dass insbesondere dann, wenn für die Gesamtorganisation Aufträge zu erfüllen sind und man sich nicht sicher ist oder sogar davon ausgeht, dass es bei offenem Auftreten Probleme mit der Umsetzung der geplanten Maßnahme mit Behörden geben kann, gerne auf Nichtscientologen, also Wogs, zurückgegriffen wird. So geschehen zum Beispiel beim Ankauf eines Gebäudes für die Scientology-Zentrale in Hamburg Ende der 90er Jahre. Das alte Domizil gehörte einem Scientologen, der irgendwann trotz hoher Weihen im OT-Bereich von seinen scientologischen Freunden die vereinbarte Mietzahlung für das Objekt haben wollte. Er war sicherlich nicht besonders drängelig, aber ein Haus kostet, und er war der Eigentümer. Die Kontroversen mit seinen Mietern haben schließlich zum Ausstieg von ihm und seiner Frau aus Scientology geführt, denn auch einem OT verzeiht man nicht unbedingt, wenn er auf Vertragseinhaltung drängt und sich nicht an die Spielregeln hält. Also ein neues Gebäude – möglichst repräsentativ – musste her.

Zu diesem Zweck wurde in Hamburg eine Firma gegründet, die Waterfront GmbH. Als Geschäftsführer firmiert zu Beginn ein US-amerikanischer Rechtsanwalt aus Washington D.C. Die Firma wird ordentlich eingetragen, man residiert quasi zur Untermiete in einer Hamburger Steuerberaterpraxis – wie praktisch – und Zweck der Firma ist es, Immobilien zu kaufen und zu vermieten. Eigentlich geht es nur um eine Immobilie, und der Mieter steht von Anfang an fest, der Scientology-Verein in Hamburg. Das Gebäude in der Nähe des Hamburger Rathauses, also nahe bei der politischen Macht, ist gefunden. Man bedient sich dieses Mal nicht der eigenen Makler, sondern hat einen der renommiertesten Makler Hamburgs gewonnen. Dieses macht durchaus Eindruck und erleichtert den Erwerb des Gebäudes. Umbauten sind fällig, und es braucht einen Architekten, der das alles erledigt. Wie sie auf ihn gekommen sind, weiß der Betroffene bis heute nicht genau.

Aber er ist der Richtige. Ein freundlicher, herzlicher älterer Architekt, der zu Vertragsverhandlungen über seine Aufgaben bei diesem Projekt von den US-amerikanischen Anwälten in das noble Vier-Jahreszeiten-Hotel in Hamburg gebeten wird. Vielleicht hat er sich etwas zu sehr blenden lassen, vom vornehmen Hotel, von den netten Anwälten, jedenfalls kommt man ins Geschäft, die Firma Waterfront GmbH und das Architekturbüro.

Wie es sich für einen ordentlichen Architekten gehört, erledigt er die Aufgaben, auch als offenbar wird, dass er es plötzlich mit den Mietern des Gebäudes zu tun hat, den Scientologen. Er hat ja einen Vertrag mit einer aus seiner Sicht neutralen Firma, mit dem Besitzer des Gebäudes. Außerdem berichtet er später, dass die Menschen von Scientology doch alle nett waren, ihn fragten, wenn es Schwierigkeiten gab, und außerdem will er natürlich den Vertrag erfüllen. Er verhandelt mit den zuständigen Behörden, gibt auch bautechnische Ratschläge, damit es nicht zu Problemen kommen kann. Wahrscheinlich dank seiner Hilfe sind die Maßnahmen genehmigt worden. Dann aber, nach Ende der Arbeit und nach Rechnungsstellung, kommt für ihn die Überraschung. Mit der Bezahlung funktioniert es nicht wie gewünscht und erwartet. »Scientology-Haus: Architekt klagt an« titelt das Hamburger Abendblatt am 20. Januar 2005. In der Geschichte wird sein Problem geschildert: »Ich bin ein Scientology-Opfer, obwohl ich dieser Vereinigung nie beigetreten bin«, wird er zitiert und weiter geht es im Text der Zeitung: »Die Firma Waterfront GmbH, Eigentümerin des Gebäudes in der Domstraße, in der die Hamburger Scientology-Zweigstelle residiert, schulde ihm noch rund 100.000

Euro. Seit dem Jahr 2002, so der Architekt, versuche er an sein Geld zu kommen. Doch die Firma Waterfront sei einfach nicht zu fassen.« Auch die netten Scientologen konnten ihm wohl nicht helfen, denn, so weiter im Bericht der Zeitung: »Alle Versuche, über Scientology einen Adressaten für seine Rechnungen zu bekommen, wurden, so der Architekt, abgewiesen. Scientology sei zwar wieder einmal freundlich gewesen, »doch mein Geld habe ich immer noch nicht.« Fast schon verzweifelt zu nennen seine abschließende Äußerung zur Zeitung: »Ich ruiniere meine Gesundheit, bin gezwungen, immer weiter zu warten, um die Außenstände kompensieren zu können.« Inzwischen ist klar und auch in den Hamburger Medien zu lesen, dass hinter der Waterfront GmbH Scientologen aus den USA stecken. Ob die Anwaltskanzlei aus der US-amerikanischen Hauptstadt auch dazu gehört, ist dabei unerheblich, inzwischen ist der Geschäftsführer ein amerikanischer Scientologe aus Kalifornien, und es wird versucht, den Sitz der Firma nach Baden-Württemberg zu verlegen, denn dort sitzt eine scientologische Steuerberaterin, die nun für die Firma tätig wird. Auch diese Kenntnisse, wer nun für seine Vertragsfirma in Deutschland verantwortlich zeichnet, bringen den Architekten nicht weiter. Die Schlussrechnung wird angezweifelt. Die Firma Waterfront hat gegen einen vom Architekten erwirkten Mahnbescheid Widerspruch erhoben. Ohne Gerichtsverfahren wird er wohl nicht an sein Geld kommen. Ob man sich zielgerichtet ein kleines Architekturbüro ausgesucht hat, das auf Aufträge angewiesen ist und vielleicht nicht so liquide ist, um langwierige Prozesse zu führen, muss dahingestellt bleiben. Doch darüber denkt nicht nur der betroffene Architekt nach.

Kein Schulabschluss – macht nichts

Eine scientologische Erziehung bedeutet im Regelfall, dass auch die Schulbildung den Hubbard'schen Regeln entspricht. Halten sich die scientologisch funktionierenden Eltern an alle diese Richtlinien, wird das Kind, wenn irgend möglich, in einer der Schulen einen »Abschluss« machen.

Da bietet sich zum Beispiel das von Scientology eingerichtete Internat in Dänemark an, das die scientologischen Kinder dann sogar mit einem Abschlusszeugnis mit dem Hinweis, dass dieses der Mittleren Reife in Deutschland gleichzusetzen ist, entlässt. Ob dieses Internat von deutschen Behörden zum Abschluss eines anerkannten Schulzeugnisses berechtigt ist, wird nicht hinterfragt. Warum auch, die Organisation ist ja die beste und fürsorglichste der Welt. Außerdem wird es auch keine Probleme geben, denn innerhalb des Systems Scientology hat dieses Zeugnis durchaus Gewicht, wenn es überhaupt darauf ankommt. Denn für die Heranwachsenden in der Organisation ist die Auswahl, was sie tun möchten, meistens schon klar. Das scientologische Denkgebäude tief verinnerlicht, kommt für sie nur in Frage, in irgendeinem Teil der Gesamtorganisation mitzuarbeiten. Das kann eine Aufgabe in den verschiedensten Bereichen sein, in einer WISE-Firma, direkt in den Orgs (Vereine, »Kirchen«) oder, bei wohl den meisten besonders erstrebenswert, in der Eliteeinheit der Organisation, der Sea-Org.

Das Erwachen wird dann kommen, sollte ein in der scientologischen Welt aufgewachsener Mensch die Organisation verlassen. Spätestens dann wird er oder sie mit der mangelnden Bildung der Organisation im wahrsten Sinne des Wortes konfrontiert. Aber solange man sich im System bewegt, wird man das Gefühl haben, eine Schulbildung genossen zu haben. Den scientologischen Eltern gibt es die Möglichkeit, bei eventuellen Diskussionen im nichtscientologischen Familienverband darauf hinzuweisen, dass selbstverständlich in den Schulen der Scientology Zeugnisse ausgestellt werden, und sie werden davon überzeugt sein, dass diese auch etwas wert sind.

Aufwachsen in der Parallelwelt Scientology

Die Anfangsschritte zur Verbesserung des Individuums sind in der Kinder-Dianetik und der Erziehungs-Dianetik enthalten. Die Gerichts-Dianetik, die politische Dianetik und die Militär-Dianetik werden an anderer Stelle berührt oder zur weiteren Untersuchung aufgeteilt.

(Hubbard, L. Ron: »Dianetik. Die moderne Wissenschaft der geistigen Gesundheit«. Kopenhagen, 1984, S. 13)

In seltener Deutlichkeit unterstreicht der Gründer der Scientology-Organisation schon am Anfang seines Buches Dianetik, welche Bedeutung für ihn, und damit für die Organisation, Kinder und deren Erziehung haben. Der Nachwuchs für die kreierte Parallelwelt Scientology.

Die »Sorge« um den Nachwuchs beginnt bereits vor der Geburt. Schwangere Scientologinnen mit der verinnerlichten Ideologie im Kopf haben es mit den Verhaltsanregungen für einen scientologischen Sprössling zu tun. Der Bereich der so genannten »Zweiten Dynamik« erläutert, wie mit schwangeren Frauen umzugehen ist:

Schwangere Frauen sollten besondere Aufmerksamkeit durch den Dianetik-Auditor erhalten. Das richtige Auditing bei schwangeren Frauen besteht aus Dianetik und vorbereitendem Auditing für die Geburt.

Von Anfang an wird der Start in die scientologische Welt begleitet. Mutter und heranwachsendes Kind werden den Methoden ausgesetzt. Wie die »Behandlung« der Mutter auszusehen hat, ist auch vorgegeben:

Jeder PTS-Zustand sollte behandelt werden. Engramme früherer Geburten und der eigenen Geburt der Frau sollten als Engrammketten gelöscht werden. Auch schlechte Krankenhauserfahrungen sollten behandelt werden ... Die Geburt sollte still erfolgen.

Die werdende Mutter hängt also am Hubbard-E-Meter, die Störfaktoren sollen gelöscht werden, arme Frau. Die Geburt still. Kein Stöhnen, keine Bekundungen von Schmerzen. Das Gebären eines kleinen Scientologen ist geprägt von der Ideologie des Systems. Denn die Frau bekommt nicht einfach ein Kind, sie gebärt einen Thetan bzw. den Körper, den sich der Thetan eines verstorbenen Scientologen aussucht. Die Aufgabe besteht anscheinend vor allem darin, dieses Geistwesen so unbelastet wie möglich im scientologischen Sinne das Licht der Welt erblicken zu lassen. Das Licht einer Welt, in der nach Hubbard'scher Logik ein Kampf auf das Kind wartet. Der Kampf der Befreiung der Erde und des Universums. Er beginnt früh, anscheinend schon im Mutterleib.

In den ersten Jahren der Verbreitung von Dianetik und damit von Scientology in Deutschland warb die Organisation mit den Verhaltensmustern während der Schwangerschaft. Ob und eventuell wie viele verunsicherte Schwangere sich damals von folgendem Text angezogen gefühlt haben, ist nicht bekannt, aber die Botschaft ist deutlich, es kann angehen, dass du Schwangere während deiner Schwangerschaft Fehler machst. Hubbard hat die Lösung. »Mami, warum hast du mir nicht geholfen, als ich neun Monate in deinem Bauch war?«, so die Überschrift der Anzeige, darunter ein kleines weinendes Mädchen. Die Lösung für erschrockene Mütter wird klar angeboten:

L. Ron Hubbard, der Erforscher dieser revolutionären Entdeckung, beschreibt in seinem Buch »DIANETIK« nicht nur, wie Sie sich während der Schwangerschaft verhalten sollten, sondern gibt Ihnen auch das Wissen, Ihr Kind wirklich zu verstehen und glücklich zu erziehen.

(Anzeige abgebildet in: Haack, Friedrich-Wilhelm: »Scientology.
Magie des 20. Jahrhunderts«. München, 1991, S. 366)

Wer von dieser Werbebotschaft beeindruckt war und sich in die Hände der Organisation begab, wird sich wohl mit den weiteren Schritten zur Ernährung des Neugeborenen konfrontiert gesehen haben. Denn Muttermilch gehört nicht zur bevorzugten Ernährung, so L. Ron Hubbard. Immerhin, auch wenn ein bestimmter Zeitplan bei der Babyernährung erwünscht ist, darf auch mal davon abgewichen werden:

> Obwohl Sie zwar versuchen, das Baby nach einem Zeitplan zu
> ernähren, wäre es dumm von Ihnen, es nicht zu füttern, wenn
> es hungrig ist.
>
> (Hubbard, L. Ron: »Das Handbuch für den Ehrenamtlichen Geistlichen«.
> Kopenhagen, 1983, S. 457)

Die Erklärungen, warum ein Baby schreit, lesen sich bei
Herrn Hubbard auch eher abstrus:

> Ein Baby, das eine volle Mahlzeit getrunken hat, schläft gewöhn-
> lich sowieso mehrere Stunden lang. Wenn es das nicht tut, gibt
> es immer einen Grund, wie z. B. eine Nadel oder ein Stückchen
> Kohle im Bett, nasse Windeln (immerhin das auch, die Verf.)
> irgendetwas ... Aber der Hauptgrund, warum ein Baby nicht
> gedeiht, liegt in unzureichenden Mahlzeiten. Und um das zu
> beheben, ist hier das Rezept für die Kost: Rezept für Babykost,
> 442 ml (= ccm^3) Gerstenwasser, 295 ml Pasteurisierte Milch,
> 88 ml Weißer Sirup (Mais-Sirup, z. B. Karo Sirup).
> Sie füttern das Baby nicht mit der Gerste selbst, nur mit dem
> Wasser, gemäß oben angegebener Mischung. Wenn Sie nicht
> wissen, was Sie mit der Gerste machen sollen, essen Sie sie
> selbst. Mit Zucker und Sahne schmeckt sie recht gut.
>
> (Hubbard, L. Ron: »Das Handbuch für den Ehrenamtlichen Geistlichen«.
> Kopenhagen, 1983, S. 457f.)

Gerstenwasser statt Muttermilch, denn diese könnte ja noch
von mütterlichem Verhalten belastet sein. Auf den Widerspruch soll hier nicht weiter eingegangen werden; wenn
die Mütter seit der Schwangerschaft sich in Auditorenhän-
de begeben haben, kann es ja nach der Theorie eigentlich

keine Belastungen mehr geben. Aber wer weiß schon im Hubbard'schen Universum, ob nicht doch Ausrutscher passieren, sicher ist also sicher und wahrscheinlich deshalb die Aussage zur Muttermilch:

> Das Baby zu stillen, hat vielleicht einen nostalgischen Hintergrund, besonders für einen an Freud orientierten Arzt, aber auch die Muttermilch ist gewöhnlich eine armselige Ration ... Vielleicht ist es das Tempo unserer Zeit oder die Rasse, aber es gibt nur wenige moderne Mütter, die einer Art Milchkuh gleichkommen.
>
> (L. Ron Hubbard, Handbuch für den ehrenamtlichen Geistlichen, New Era Publications, 1983, S. 455)

Der Vergleich mit einer Milchkuh ist hinsichtlich des Frauenbildes von Hubbard eher noch harmlos. Anscheinend ist die Möglichkeit von Frauen, Kinder zu bekommen, noch eine der herausragenden Eigenschaften des weiblichen Geschlechts. Denn überliefert von ihm als Aussage zu Frauen ist folgender Satz, der den Stellenwert dokumentiert:

> Es bereitet mir kein Missfallen zu hören, dass eine Jungefrau vergewaltigt wurde. ... Es ist das Los der Frauen, dass man mit ihnen herumhurt bzw. Unzucht treibt.
>
> (Caberta, Ursula; Träger, Gunther: »Scientology greift an«. Düsseldorf, 1997, S. 265)

Das scientologische Leben beginnt also bereits vor der Geburt. Was folgt, hat eine Aussteigerin aus den USA sehr kurz, aber aussagekräftig beschrieben: »Mütter, die ihre

Kinder in der Scientology-Kirche erzogen haben und sich lösten, haben schreckliche Schuldgefühle, was ihre Kinder durchmachen mussten«, sagte sie der »New York Post«. Harte körperliche Arbeit, manchmal 40 bis 60 Stunden pro Woche. Eltern werden von der Sekte angehalten, ihre Kinder nicht zu trösten oder zu füttern. Denn laut Sektenlehre sind Kinder kleine Erwachsene, die für sich selbst sorgen können. Auch Arzneien gelten als verpönt. Bei Fieber werde das Kind angehalten, einen Gegenstand in die Hand zu nehmen und stillzuhalten. »Ich habe es mit meinem Kind versucht. Natürlich hat es nicht geklappt.« (Teresa Summers, zitiert in: http://www.ingo-heinemann.de/Scientology-Kinder.htm)

Das Buch Kinder-Dianetik für die scientologische Erziehung enthält die Grundlagen für scientologische Eltern. Immer und immer wieder wird aus der Schrift deutlich, dass die Eltern Hilfestellungen zu geben haben, aber immer nach dem Prinzip, eigentlich habt ihr kein Kind vor euch, sondern einen Thetan im kleinen Körper. Diesen gilt es heranwachsen zu lassen. Der Ideologie folgend ist dann auch schlüssig, dass die Entwicklung eines Kindes, dessen Phantasie, Kreativität und die sich daraus vielleicht entwickelnden eigenen Bilder als störend eingestuft werden. Denn eines muss dem Erziehungspersonal wohl von Anfang an sehr deutlich gemacht werden, das Prinzip Scientology und das Leben im System sind das Maß aller Dinge, eine Abweichen davon kann als krankhaft gewertet werden, und dieses beginnt bei den Kindern: So findet Hubbard es »nicht überraschend, dass Kinder Ähnlichkeit mit Psychotikern und Schizophrenen zu haben scheinen«. Das

Kind habe »eine blühende Phantasie, und als Ergebnis davon wirkt es in einigen seiner Phantasie-Schöpfungen wie ein Psychotiker.« (Caberta, Ursula; Träger, Gunther: »Scientology greift an«. Düsseldorf, 1997, S. 265) Das immer wiederkehrende Muster, wer im Denken und Handeln abweicht, kann als psychisch krank angesehen werden. Eine der schlimmsten »Diagnosen« für ein Mitglied der Organisation.

Um den Werdegang des scientologischen Nachwuchses, wenn irgend möglich, nicht durch Störungen der Außenwelt zu gefährden, ist das Betreuungsangebot für die scientologischen Eltern von der Schwangerenbetreuung bis zum Hubbard'schen Bildungssystem und wahrscheinlich dem Traum vieler aktiver Eltern, der Eliteeinheit, die Sea-Org, durchorganisiert.

Das Angebot, mit Ausnahme der Sea-Org-Erziehung, wird allerdings auch genutzt, in die nichtscientologische Welt zu verkünden, dass einzig und allein L. Ron Hubbard die Lehre erforscht hat, die zur Freiheit im Leben führt.

»Happy Kids«?

Ich war entsetzt. In einem halbdunklen Souterrain hatte man die Kinder abgeladen, kein auch nur halbwegs vernünftiges Spielzeug war für sie da, überall lag Dreck herum, die Teppiche waren abgewetzt, außerdem schienen sich die Betreuer nicht sonderlich um das Wohl der Kinder zu kümmern.

(Caberta, Ursula; Träger, Gunther: »Scientology greift an«. Düsseldorf, 1997, S. 145)

Die Aussage eines ehemaligen Scientologen über den in Hamburg von der Organisation eingerichteten Kindergarten für die Mitarbeiter/innen der so genannten Kirche. Kinderbetreuung nach Art von Scientology. Die scientologische Ehefrau war schwanger, und so informierte man sich schon einmal über die Betreuungsangebote für den kleinen Thetan, der das Licht der scientologischen Welt erblicken sollte. Die Entscheidung dieses damals scientologischen Ehepaares war klar: In diese Betreuungseinrichtung würden sie ihr Kind nicht geben. Dieser Einblick hatte für die Organisation auch noch andere Folgen. Gab doch die Perspektive für das noch ungeborene Kind mit den Ausschlag, endgültig mit der Organisation zu brechen. Diese Einsicht, sich für das Wohlergehen des Kindes und gegen die Organisation zu entscheiden, ist im scientologischen Alltag selten.

Welche Rolle die Erziehung für sein System spielt, legte Hubbard bereits früh dar. In einer Veröffentlichung der Hubbard Association of Scientologists, Inc. aus dem April 1953 mit der Überschrift »Child Scientology« ist der erste Satz bereits unmissverständlich: Save the child and you save the nation (Rette das Kind und du rettest die Nation). Danach folgt bereits im ersten Absatz die Zielvorgabe: »If, in the course of the next fifteen years, Scientologists were to specialize in the Group Processing of children, it might well follow that all of the goals of Scientology would thereby be realized.« (Wenn in den nächsten 15 Jahren sich auf die Kinder konzentriert wird, werden die Ziele der Scientology erreicht werden können.) Die Sicherung des Systems durch die Heranbildung von Nachwuchs. Keine neue Idee, eine Ideologie zu sichern.

Wo diese Kinder zu finden sind, ist 1953 – auf die USA – bezogen von Hubbard auch schon angegeben: in Schulen, Krankenhäusern, in Jungen- und Mädchenorganisationen. Hubbard nennt dann explizit beispielhaft boy scouts oder die YMCA's (Young Men's Christian Associations) und natürlich die Sonntagsschulen.

1953 beginnt damit das Programm der Erziehung und Rekrutierung von Kindern. Dieses bedeutet für die allermeisten der Kinder mit scientologischen Eltern, dass sie von Anfang an den internen Regeln unterworfen sind. Im Jahr 1992 erfährt ein in die Organisation »hineingeborener«, inzwischen erwachsener Mann diese Situation so:

> Weil seine Mutter in der Sekte führend tätig war (und ist), sei er langsam hineingewachsen, habe als Zehnjähriger seinen ersten Kursus gemacht und natürlich gar nicht erfasst, worum es ging. Für ihn sei das »ganz natürlich« gewesen … Vor allem in ständigem Kontakt mit anderen Scientologen sei ihm die Ideologie nahegebracht worden: »Dass nur Scientology den Planeten retten kann und dass der, der nicht dieser Ansicht ist, etwas Schlechtes tut«.
>
> (»Hamburger Abendblatt«. 25.7.1992, S. 14)

Kinder sind also für das System und zur Erreichung der Ziele wichtig, andererseits sind die für das System in verschiedenen Bereichen tätigen Eltern auch ihrem eigenen Weg und der Expansion verpflichtet. Die Einrichtung von eigenen Kindergärten gehört zum System. Der Verein Happy Kids e.V. in Hamburg und auch die so genannte

Nursery machten Schlagzeilen. Diese offenbaren, dass die Kinder der für die Scientology Tätigen in der Arbeitszeit abgegeben werden. In den Einrichtungen mit scientologischer Betreuung, die gelinde gesagt, keinem Maßstab einer nichtscientologischen Kinderbetreuung standhält.

Den auslösenden Faktor, mitten in Hamburg den Umgang mit den scientologischen Kindern zu erkennen, gaben die immer wiederkehrenden Hinweise ehemaliger Mitglieder oder Unterlagen, die Journalisten erreichten und zur Recherche anregten.

Für »250 Mark per Kind« bietet die Scientology-Mission Bremen ein »Kinder-Kommunikations-Seminar« plus Bilderbuch nach den Lehren von Sekten-Guru Hubbard an: »Sie werden erstaunt sein über die Resultate.« Dieses berichtet die Hamburger Morgenpost am 24.7.1992. Die Zeitung beruft sich auf einen Insider und formuliert weiter:

Während Eltern ihren kostspieligen Auditing-Kursen in der Scientology-Zentrale nachgingen, würden die 14–20 Sprösslinge nach den Sekten-Gesetzen »gedrillt«, erfahren wir. Abends würden die Kids per Kleinbus auf zwei Wohnungen verteilt, eine befinde sich nahe am Steindamm (Standort der damaligen Scientology-Zentrale in Hamburg, d. Verf.). Dort holten dann die Scientologen ihre übermüdeten Youngster ab – die letzten würden gegen zwei Uhr morgens aus dem Schlaf gerissen: »Die Kinder haben nichts von ihren Eltern. Sie wirken abwesend.«

Der genannte Drill, dem Kinder ausgesetzt sind, besteht ab einem bestimmten Lebensalter, Hubbard empfiehlt ab dem vierten Lebensjahr das »Auditing«. Selbst, wenn ein Elternteil mitbekommt, dass sein Kind bei diesen Sitzungen Schwierigkeiten hat, kann es nicht eingreifen. Weinen und Schreien während der Sitzungen führen zu Aussagen an die Eltern, die sich trotz scientologischen Denkens sorgen. Beispiel: »Du gefährdest dein Kind, es muss den Zyklus abschließen.« Mutter oder Vater gehorchen, scientologisch ist die Welt in Ordnung. Ein Erziehungsdrill ohne Widerspruch. Nicht nur das, die scientologischen Eltern verschließen auch die Augen, wenn sie ihre Kinder abholen, vielleicht selbst total übermüdet. Wie könnten sie sonst übersehen, dass die Räume, in denen ihre Kinder untergebracht wurden, völlig verdreckt sind? In der offiziellen Stellungnahme der Behörde, die zur Schließung der nicht genehmigten Kindereinrichtung führte, liest sich der Zustand der Wohnung so:

Ein ca. 20 bis 25 qm großer Raum, der als Küche und Wohn- und Aufenthaltsraum genutzt wird. Die Küche enthielt eine Küchenzeile sowie Tisch und Stühle für Erwachsene, im Aufenthaltsraum lagen zwei Matratzen auf dem Boden, in einem Regal befanden sich Windelpackungen und andere Utensilien, eine Stereoanlage. Auf einem Balkon lagen zwei bis drei Spielzeugteile in zentimeterhohem Regenwasser …
Alle Räume und Einrichtungsgegenstände machten einen schmutzigen, unordentlichen, heruntergekommenen Eindruck. Die Betten waren überwiegend mit schmutziger oder gar keiner Bettwäsche bezogen. Der Teppichboden wirkte unhygienisch und war bedeckt mit Flecken. Spielmaterialien oder kindgemäße Herrichtung der Räume waren nicht vorhanden.

In diesem Fall konnte zumindest hier die »Betreuungseinrichtung« geschlossen werden. Allerdings ist dieses immer nur dann möglich, wenn Menschen sich lösen und präzise Angaben machen können. Es spricht vieles dafür, dass weltweit die armen kleinen »Happy Kids« in ähnlichen Zuständen leben und aufwachsen.

Das scientologische Bildungsangebot

»Gehe nie über ein unverstandenes Wort hinweg.« Mit dieser Mahnung beginnt jedes Buch, jedes Kursmaterial von L. Ron Hubbard. »Unverstandene Wörter«, die Bedeutung für das System Scientology ist immanent. Hubbard hat eine Binnensprache entwickelt. Eine zu erlernende Fremdsprache für sein Reich. Ein nicht zu unterschätzender Baustein, sollen die Ziele erreicht werden. Scientologisch erlernen heißt Wortklären, heißt, in Büchern und Kursen immer wieder Begriffe zu definieren, um dann mit dem Erlernen der Sprache ansprechbar zu sein und zu verinnerlichen lernen, welcher Weg der einzig wahre ist, dem Ziel der Ideologie den Durchbruch zu ermöglichen. Nicht links schauen, nicht rechts schauen, keine Ablenkung ist zulässig. Lernen und danach handeln, das ist die Devise. Wie zentral eine Binnensprache in als fundamentalistisch zu klassifizierenden Gruppen ist, wird deutlich, wenn man sich die Kriterien zur Zuordnung von Gruppen zum Fundamentalismus veranschaulicht.

Zu den wichtigsten Merkmalen fundamentalistischer Bewegungen gehört die sprachlich vermittelte, nach innen zusammenschließende und nach außen Distanz herstellende und ausgrenzende Doktrin … Eigene Wortschöpfungen, Umdeutungen vorhandener Begriffe und Sprachfiguren gewinnen eine große Bedeutung, weil sie suggestive Kräfte freisetzen und eine eigene, der Nachprüfung und der Erfahrung unzugängliche Lebenswelt entfalten, die Hannah Arendt als jene »Narrenhölle« beschrieben hat, in der den Menschen »jene Ruhe niemals vergönnt ist, in der sie allein der Wirklichkeit einer erfahrbaren Welt begegnen können«.

(Arendt, Hannah: Elemente und Ursprünge totaler Herrschaft, Frankfurt/
Main, 1955, S. 159.; Jaschke, Hans-Gerd: »Fundamentalismus in Deutschland.
Gottesreiter und politische Extremisten bedrohen die Gesellschaft«.
Hamburg, 1998, S. 246)

Dieses Merkmal eines fundamentalistischen Systems findet sich in der Welt der Scientology von Beginn an. Vom ersten Kurs an werden Begriffe umdefiniert und Wortschöpfungen von Hubbard erlernt.

Die Sprache der SC suggeriert nach innen, an die eigene Anhängerschaft gerichtet, die Exaktheit angeblich wissenschaftlicher Verfahren … Nach außen hin gewinnt die Sprache von SC eine politische und demagogische Qualität.

(Jaschke, Hans-Gerd: »Fundamentalismus in Deutschland. Gottesreiter
und politische Extremisten bedrohen die Gesellschaft«.
Hamburg, 1998, S. 251)

Die Berichte von ehemaligen Scientologen zu diesen Übungen sind vielfältig, egal auf welcher Stufe der- oder diejenige vor dem Ausstieg war. Da alles vom ersten Moment an darauf ausgerichtet ist, die Binnensprache zu erlernen, haben alle auch Erfahrungen mit den Drills. Allerdings, eingebunden in das System, bekommen sie nicht zu lesen, welche Bedeutung nach Gutachten diese Übungen auf sie selbst haben.

> Hinsichtlich der »Trainingsroutinen« und »Drills« wird in dem Gutachten der Konditionierung festgestellt und folgendes Resümee gezogen: »Es ist klar, dass der PC (Pre-clear, d. Verf.) auf diese Weise konditioniert wird, willig alles zu übernehmen, auch spätere Anweisungen kritiklos auszuführen … Er soll zum gläsernen Menschen werden, der dem System bedingungslos dient. Jede echte Psychotherapie hat demgegenüber das Ziel, die Autonomie des Patienten zu stärken, ihm zu größerer innerer Selbstständigkeit und auch zu Ablösung vom Therapeuten zu verhelfen. In Scientology und Dianetik wird ganz bewusst das Gegenteil angestrebt mit dem Ziel der Machtausübung.
>
> (Landesamt für Verfassungsschutz Baden-Württemberg [Hrsg.]: »Die Scientology-Organisation [SO]«. Stuttgart, 2003, S. 19)

Für alle gilt dasselbe Programm und damit auch für die Kinder. Einer der ersten Kurse ist der Kommunikationskurs (scientologische Abkürzung: der Kom-Kurs). Denn gelungene Kommunikation kann nur gelingen, wenn alle die Sprache beherrschen.

> Der Kom-Kurs war für mich die Einstiegsdroge in Scientology. Die erste Übung im Kom-Kurs bestand darin, meinen gegenübersitzenden Partner eine Stunde lang mit den Augen zu fixieren, für mich eine schreckliche Tortur. In einer anderen Übung musste man den Partner, der überhaupt nicht redet, zum

Reden bringen. Man musste so lange den anderen mit einer Frage quälen, bis dieser schließlich mürbe war und das sagte, was der Fragende wissen wollte. Einige Übungen musste ich mit einem elf- bis zwölfjährigen (!) Jungen machen, der während dieser unmenschlichen Übungen kurz vorm Weinen war.

(Schneider, Karl-H.: »Der kosten-, aber nicht folgenlose Scientology-Test«. München, 1991. Zitiert in: http://www.ingo-heinemann.de/Scientology-Kinder.htm)

Der Kommunikationskurs mit seinen so genannten Trainings-Routinen (TRs) und anderen am Beginn einer Scientology-Laufbahn stehenden Übungen sind auch Vorbereitung auf das so genannte Auditing, das als Baustein zum System gehört und das natürlich auch bereits mit Kindern praktiziert wird.

Nur, wer sich das Erlernen der Binnensprache und die Struktur des Kursaufbaues in der Organisation verdeutlicht und versteht, welche Bedeutung dieses für das Funktionieren des Gesamtsystems hat, versteht die Einlassungen in den Schriften der Scientology und deutet sie entsprechend. Und wegen der Bedeutung gibt es von Hubbard in den unterschiedlichsten Werken immer wieder das Hervorheben von Lernprozessen und der Lenkung durch das Lernen auf das Leben im Hier und Jetzt.

Die Vorstellungskraft unter Kontrolle zu bringen, ist für jeden Lernprozess entscheidend. Das Kleinkind und das heranwachsende Kind sind eigenartigerweise dafür anfällig, ihre Vorstellungskraft in einer solchen Weise zu benutzen, dass sie von ihrer Vorstellungskraft benutzt werden ... Die Vorstellungskraft zu kontrollieren und zu disziplinieren sowie für den künstlerischen und praktischen Nutzen des Individuums anzuwenden, wäre das höchste Ziel eines Ausbildungsprozesses.

(Hubbard, L. Ron: »Das Handbuch für den Ehrenamtlichen Geistlichen«.
Kopenhagen, 1983, S. 479f.)

Auf dieser Basis ist das »Bildungsangebot« von Scientology aufgebaut. Dieses gilt für die Anhänger als »Naturgesetz«, nach außen wird dieses als alternatives Lernangebot verkauft. Klar, dass für die Außenwelt nicht die Zielsetzung im Vordergrund steht, dass das Mehren des Scientology-Volkes angestrebt ist. Nach außen stellt es sich, als Lebenshilfe bei Lernschwäche oder auch nur als Nachhilfe für gestresste Schüler dar und, wenn nötig, auch für Eltern und Lehrer. Keine Rede davon, dass das Ziel die Aufgabe eigener Vorstellungen zur Sicht der Welt und des Lebens ist und es diese zu kontrollieren und zu disziplinieren gilt.

Eine der ersten auch nach außen in die reale pädagogische deutschsprachige Welt auftretende Organisation war das Zentrum für individuelles und effektives Lernen, abgekürzt ZIEL. Ein »Lernhilfeprogramm«, das in der Werbebotschaft nach Scientology-Muster zwar auf den Gründer hinweist, aber von den eigentlichen Ansprüchen nichts sagt.

Die ZIEL-Organisationen sind eigenständige Vereinigungen, deren Programme auf der Basis von L. Ron Hubbards Studiertechnologie aufbauen, welche in den 60er Jahren im Rahmen eines Ausbildungsprogramms von ihm in England entwickelt wurde.

(Haack, Friedrich-Wilhelm: »Scientology. Magie des 20. Jahrhunderts«.
München, 1991, S 104)

In den Angeboten – es kann ja gar nicht anders sein – wird auf das Verstehen von Wörtern der größte Wert gelegt. Die interne Sprachschulung wendet sich nach außen, an Schulkinder und wenn möglich auch an Pädagogen. Die Anbindung an das Gesamtsystem bei ZIEL wurde in der Verleihung eines Diploms am Ende des Kurses deutlich. Genau wie die Kursabschlüsse in den so genannten Kirchen wird auch hier ein Abschluss, der keiner ist, in Papierform überreicht.

> Du wirst ein Zertifikat bekommen, das ein Jahr lang gültig ist. Wenn du nach einem Jahr immer noch anwendest, was du in diesem Büchlein (zum Kurs bei ZIEL gehörte natürlich auch die entsprechende Lektüre, d. Verf.) gelernt hast, wirst du ein neues Zertifikat bekommen.
>
> (Haack, Friedrich-Wilhelm: »Scientology. Magie des 20. Jahrhunderts«. München, 1991, S 106)

Weitere Anwendung der Studiertechnologie nach Hubbard, also nur wer weitermacht, wird erneut belobigt. So führt man Menschen in das System. Mit jeder weiteren Anwendung und damit dem Verinnerlichen der Wortschöpfungen und Definitionen wird für das System Scientology herangezüchtet. Die Abteilungen von ZIEL standen früh in der Kritik. Vielleicht ist die zu offensichtlich erkennbare Zielrichtung der Anwerbung in den Schriften deutlich geworden, da ZIEL nicht mehr in der Form massiv auftritt wie noch in den frühen Jahren der Aufbauphase der Organisation im deutschsprachigen Raum. Dieses bedeutet allerdings nicht, dass sich an den Angeboten und Werbemethoden für das

Hubbard'sche Lernprogramm etwas geändert hat, man tritt nur anders auf.

Applied Scolastics ist die Organisationseinheit, unter der die »Bildungsangebote« der Organisation laufen. Für die Offerten an die Außenwelt zuständig, wie auch für die Einrichtung von eigenen Schulen für den Nachwuchs. Es ist konsequent und logisch, dass von der Schwangerschaft an bis zum scientologischen Berufsleben die Laufbahn der Kids organisiert wird. Aus Beratungen von Familien mit scientologischem Teil oder von ehemaligen Mitgliedern ist bekannt geworden, dass viele der Eltern im System nicht immer gleich auf das eigene Schulsystem setzen, zumindest in Deutschland. Das mag vor allem daran liegen, dass es der Organisation bisher in der Bundesrepublik nicht gelungen ist, eine Schule nach den Richtlinien von Hubbard gründen zu können. Dieses gelang allerdings in anderen Ländern. Wohl vor allem in den USA gibt es diverse Berichte, dass sich die scientologischen Eltern auch des »Schulangebotes« der Organisation bedienen.

Das Scheitern der Versuche in Deutschland, Privatschulen zu gründen, hat von Seiten der Organisation dazu geführt, dass in der Propaganda nach innen und nach außen verkündet wurde, dieses hat an der Diskriminierung der Organisation in Deutschland gelegen bzw. dem intoleranten Widerstand in Deutschland. Allerdings hatten Versuche, zum Beispiel im so genannten Speckgürtel von Hamburg ein eigenes Internat zu gründen, in dem auserkorenen Ort zu Protesten geführt. Allerdings hat die damalige schleswig-holsteinische Landesregierung die Anträge einer solchen Schule geprüft, wie es bei Privatschulen üblich ist. Die scientologischen Antragsteller hatten aber wohl die Voraussetzungen nicht erfüllt. Das Scheitern in Deutschland machte ein Ausweichen in die Nachbarländer nötig, denn das Angebot zur schulischen Ausbildung der Kinder gehört zum Konzept.

Applied Scolastics ist unter dem Dach der Association for Better Living and Education (ABLE) aktiv. Die Einheit ABLE als Dach für propagiertes besseres Leben und Lernen hat eine höhere Aufgabe. Applied Scolastics mit den unterschiedlichen Aktivitäten dient dem ABLE zugeschriebenen Endziel. Dieses Endziel wird in der Propaganda wie folgt beschrieben:

Die höhere Mission von ABLE ist, den Niedergang unserer Zivilisation aufzuhalten und in einen Aufwärtstrend zu verwandeln, so dass Lernen wieder Spaß macht, dass unsere Straßen sicher sind und Menschen fähig werden, dem Leben vernünftig gegenüberzutreten ... Die Ziele der Scientology sind »eine Zivilisation ohne Wahnsinn, ohne Verbrecher und ohne Krieg, in der fähige Wesen erfolgreich sein und ehrliche Menschen Rechte haben können und in der der Mensch die Freiheit hat, zu größeren Höhen aufzusteigen.

(New Era Publications International [Hrsg.]: »Was ist Scientology?«.
Kopenhagen, 1998, S. 443)

Da sind sie wieder, die Zauberworte der Binnensprache, die fähigen Wesen werden Erfolg haben und ehrliche Menschen Rechte, die ihnen von der Organisation zugeschrieben werden. Andere sind rechtlos und unfähig. Auch dazu dient die Sprache: Verschleierung nach außen.

Das scientologische Schulangebot in deutsche Nachbarländer zu verlegen, und warum gerade nach Dänemark, begründet Sabine Petra Röhrig in ihrer Funktion als Lehrerin, nach eigenen Angaben Inhaberin der Mittleren Reife und Erzieherin unter anderem mit der in Dänemark nicht vorhandenen Schulpflicht. Aber auch der wohl vorhandenen Möglichkeiten, Personen ohne pädagogische Examina Unterricht erteilen zu lassen. Dieses kommt dem System entgegen, denn nach dem Selbstverständnis von Scientology reicht ja wohl die Studiertechnologie von L. Ron Hubbard als Bildung. Bei Frau Röhrig klingt das so:

Um sich für unsere Schule (in Dänemark, d.Verf.) als Lehrer zu qualifizieren, braucht jemand eine gute Allgemeinbildung und Wissen in dem Fach, das er unterrichtet. Ein junger Ingenieur war zum Beispiel jahrelang unser beliebter Mathelehrer. Eine formale Lehrerausbildung ist an einer dänischen Freischule nicht gefordert – wenngleich durchaus auch ausgebildete Lehrer bei uns arbeiten. Interessierte Eltern können jederzeit eine solche Schule gründen – mit der einzigen Auflage, dass diese Schule inhaltlich einen Unterricht bietet, der dem an dänischen Volksschulen entspricht ... Es gibt hier keine Schulpflicht, wie in Deutschland, sondern nur eine Unterrichtspflicht.

(Kruchem, Thomas: »Staatsfeind Scientology?«. München, 1999, S. 68)

Die Organisation behauptet, die Abschlüsse an ihren dänischen Schulen entsprächen einem Abschluss der Mittleren Reife in Deutschland. Das ist falsch. In Deutschland ist geregelt, welche ausländischen Schulen und damit ihre Abschlüsse anerkannt sind. Das hindert allerdings die überzeugten Scientologen nicht daran, dieses immer und immer wieder zu verkünden. Das Unterrichtsmaterial lehrt dann auch die scientologischen Klassiker. Die Frage, ob an der Schule der Erzieherlehrerin Frau Röhrig auch die Ethik nach L. Ron Hubbard beigebracht wird, bejaht sie unumwunden. Die Lehre, wie man Fremd- und Gegenabsichten und damit Feinde der Scientology-Organisation erkennt, wird wohl kaum dem Ethik-Unterricht einer deutschen staatlichen Schule gerecht und, so ist zumindest zu hoffen, auch nicht einer dänischen Volksschule.

Nach eigenen Angaben unterhält die Organisation in Dänemark mehrere Ganztagsschulen und das in der Nähe der deutschen Grenze gelegene Internat, an dem auch Frau Röhrig unterrichtet.

Die Schulen in Dänemark und anderswo sind zwar vorzugsweise für die Menschen in Scientology gedacht, aber werden durchaus auch als »Alternativschule« angeboten, bei frustrierten Eltern und solchen, die schon immer eine gewisse Skepsis gegenüber dem staatlichen Schulsystem hatten. Bekannt geworden sind Anwerbeversuche, insbesondere für das scientologische Internat in Dänemark, über Nachhilfeangebote von Mitgliedern der Organisation. Nachhilfe ist, das wird jeder Mensch nachvollziehen können, eine durchaus ideale Anwerbeform für das System. Der von Scientology bei Personen zu ermittelnde »Ruin-Punkt« liegt unmittelbar auf der Hand. Die Kinder brauchen Stütze in der Schule, die Eltern leiden vielleicht selbst ein wenig, dass ihre Sprösslinge nicht so leicht die Schule absolvieren wie gewünscht. In der Nähe der Schule hat man den Aushang eines Nachhilfeangebots gesehen, also warum nicht, und die Nähe zum Gymnasium und Wohnort macht es ja vielleicht leichter für das Kind. Der erste Eindruck, den Betroffene von diesem Angebot schildern, ist meistens, dass die Nachhilfelehrer/innen anscheinend in jedem Fach Hilfe bieten können. Jedenfalls ist bisher nicht bekannt geworden, dass die Anbieter aus dem Scientology Spektrum in irgendeiner Form ihre Leistungsangebote mangels Kenntnis einer Materie einschränken. Die Nachhilfe beginnt nach allem, was man weiß, nicht etwa mit einem kleinen Leistungstest, wo die Defizite in einem Fach liegen könnten oder einem Gespräch, was dem Kind besonders schwerfällt, sondern der Werbung entsprechend, es muss erst einmal grundsätzlich erlernt werden, wie man lernt, und dafür ist selbstverständlich unumgänglich, dass unverstandene Worte geklärt werden müssen. Der so genannte »Grundlegende Studierleitfaden« nach L. Ron Hubbard wird sich wohl in jedem Regal der scientologischen Nachhilfe finden. Zu den Eltern wird, wenn irgend möglich, auch schnell eine Nähe aufgebaut, man kann ja mal mit der Nachhilfelehrerin einen Kaffee trinken, warum auch nicht, gute Kommunikation halt.

Bei Gesprächen mit den Eltern ist es dann durchaus schon vorgekommen, dass nebenbei ins Spiel gebracht wurde, dass es auch Alternativen zum jetzigen Schulbesuch gibt, oder beim Kind wird nachgefragt, ob es gerne auf diese Schule geht. Da meistens bereits eine gewisse Nähe zu den Eltern aufgebaut ist und sich vielleicht der Kontakt nicht mehr nur allein auf einige Stunden Nachhilfe in einem Fach für das Kind beschränkt, kann eine gewisse Offenheit für mögliche Alternativen genutzt werden, das Internat in Dänemark ins Spiel zu bringen. Die Werbebotschaft, die manchmal auch gedruckt erteilt wird, heißt schlicht und ergreifend: »Dort lernt man spielend, wie man lernt.« Es wird sich auch nicht gescheut zu verkünden, dort wäre ein anerkannter deutscher Schulabschluss möglich. Solche Aktivitäten von scientologischen Nachhilfeangeboten führten zum Beispiel in Hamburg dazu, dass an die umliegenden Schulen Warnungen verschickt werden mussten, um auf die unrichtigen Behauptungen zu reagieren und Eltern, Lehrer und Schüler auf die Hintergründe der vermeintlich wohlwollenden Nachhilfe hinzuweisen.

Die ganze Problematik eines Kindes oder Heranwachsenden im System und mit »Beschulung« im dänischen Internat wird dann deutlich, wenn sich Personen aus Scientology lösen. Für das Kind besonders dramatisch, wenn nur ein Elternteil die Organisation verlässt, der andere bleibt. Der ausgetretene Part hat erst einmal damit zu tun, selbst wieder in der normalen Welt anzukommen. Meistens sind seine Finanzen – vorsichtig ausgedrückt – nicht gerade im besten Zustand. Der eigene Berufsweg ist häufig völlig aus dem Gleichgewicht, denn in den allermeisten Fällen war man ja in irgendeiner Form für das System tätig, und an die mal erlernte Ausbildung ist nicht gleich oder gar nicht mehr anzuschließen. Das Kind, scientologisch erzogen und »gebildet«, schließt sich der Definition an, dass der gegangene Elternteil mindestens eine potentielle Schwierigkeitsquelle, wenn nicht gar ein Unterdrücker und damit der Umgang mit ihm möglichst zu vermeiden ist.

In einem Trennungsfall dieser Art hat der ausgestiegene Vater nach einiger Zeit und einem eigenen längeren Prozess der Erkenntnis den Versuch gestartet, wenigstens dem noch minderjährigen Sohn eine Zukunft außerhalb des Systems zu ermöglichen. Der Heranwachsende ging auf das dänische Internat. An seine älteren Geschwister noch heranzukommen, als Verräter im Sinne Scientologys, war für den Vater quasi unmöglich. Aber der Kleine bot vielleicht doch noch Hoffnung. Der Vater stellte einen Antrag zur Übertragung der alleinigen elterlichen Sorge. Zumindest wollte er vom Familiengericht die Erziehungsgewalt für die Schulausbildung zugesprochen bekommen. Das Jugendamt wurde, wie in solchen Fällen üblich, eingeschaltet. Der Sohn wollte nicht zu seinem Vater. Dieses würde für ihn ja auch den Bruch mit dem System bedeuten, er hatte schon lange verinnerlicht, dass es ein »bisschen Scientology« nicht gibt. Er handelte danach. Immerhin gab es dem vom Gericht eingesetzten Verfahrenspfleger, der dem Jungen an die Seite gestellt wurde im Streit der Eltern, die Gelegenheit, Gespräche mit dem Kind zu führen, insbesondere über seine Schulsituation und das Gelernte. Er bestand auch darauf, die Schule in Dänemark zu besuchen, um sich vor Ort ein Bild zu machen. Sein Bericht für das Familiengericht war alles andere als schmeichelhaft, die Situation am Internat in Dänemark erinnerte ihn an Zustände der Diktatur in Chile zur Zeit Pinochets. Die Mutter trat mit einem scientologischen Rechtsanwalt vor Gericht auf. Trotz des Berichts des Verfahrenspflegers, der Einlassungen des Vaters, der nun nichts anderes mehr wollte, als seinen Sohn in der realen Welt bei sich zu haben und ihm einen endgültigen Weg in Scientology zu ersparen, blieb das Kind bei der scientologischen Mutter und damit in der entsprechenden Erziehung. Der Kontakt, der noch während des Verfahrens zum Vater aufrechterhalten wurde, ist abgebrochen. Während des Verfahrens war es natürlich opportun, dem Jugendamt und dem Gericht gegenüber zu demonstrieren, dass scientologische Erziehung nicht heißen muss, zum ausgetretenen Vater keinen Kontakt mehr zu haben. Nach Abschluss des Verfahrens war dieses nun nicht mehr nötig. Wenn es hochkommt, wird am Geburtstag noch einmal angerufen. Die Hoffnung des Vaters bleibt, dass es zumindest seinem jüngeren Sohn irgendwie im Gedächtnis bleibt, was in dieser Zeit gesprochen wurde, und dass er sich daran erinnert, dass er im Haus seines Vaters und dessen Ehefrau willkommen ist, wenn er doch einmal gehen will, weg will aus Scientology.

Umzug nach Dänemark und andere familiäre Katastrophen

Der Umgang mit einer familiären Situation, wenn ein Teil der Familie zum Scientologen, zur Scientologin geworden ist, ist nach allen Berichten von Menschen, die sich in Beratungssituationen befinden, immer einschneidend. Das Verhalten von Angehörigen ist sehr häufig, insbesondere in der Anfangsphase, quasi bei Erkennen der veränderten Situation, häufig abwartend. Der von Scientology Angeworbene wird auch möglichst dafür Sorge tragen, den Anschein von Normalität aufrechtzuerhalten. Dieses gilt insbesondere dann, wenn für ihn klar ist, dass die nahe Verwandtschaft die Aktivitäten für Scientology nicht billigen wird. Hinzu kommt sehr häufig eine Unsicherheit, da man den vertrauten Menschen ja kennt. Es wird dann davon ausgegangen, dass er oder sie doch mit einigen Hinweisen auf das, was über Scientology schon bekannt ist, selbst wieder davon Abstand nimmt. Dass dieses nur in den seltensten Fällen vorkommt, ist ja auch weniger bekannt. In einer späteren Phase, der Angehörige hat inzwischen in der Regel schon diverse Kurse absolviert, das eine oder andere Hubbard-Buch im Regal stehen und Zeit und Geld werden immer knapper, führen Gespräche über Scientology nicht mehr weiter. War vorher wahrscheinlich die Angst da, den vertrauten Menschen an eine »Sekte« zu verlieren, wird nun die Unsicherheit stärker, den Menschen bei Kritik an Scientology endgültig zu verlieren. Daraus kann ein Hinnehmen der Situation werden, das die Familiensituation zwar permanent belastet, aber der Angehörige meldet sich ja immer mal wieder, der vermeintlich endgültige Bruch findet nicht statt. Dass der Bruch stattgefunden hat und daran auch keine gelegentlichen Telefonate oder auch Besuche bei Familienfeiern etwas ändern, wird so nicht registriert. Der Bruch findet im Kopf statt, das Leben wird inzwischen von Scientology bestimmt, und die familienfreundlichen Kontakte sollen unter anderem auch dafür sorgen, dass keine Störungen für die Organisation auftreten. In dem Moment, in dem sich der nicht-scientologische Teil der Familie einschaltet und das zu einem Ansehensverlust der Vorgehensweise von Scientology führt oder öffentlich werden könnte, führt das zu Problemen für den scientologischen Familienteil. Immer nach dem Motto: Die einzelne Person trägt die Verantwortung für sich und das Ganze, und nur, wer nicht linientreu agiert, produziert Probleme.

Die Scientologen fürchten bei nicht »gehandhabten« Familienangehörigen systeminterne Strafen.

Bei Situationen, in denen Kinder oder Jugendliche betroffen sind, stellt sich für die meisten Familien irgendwann die Frage, ob, wie und wann sie einschreiten können oder sollen. Am häufigsten wird über einen Eingriff nachgedacht, wenn die Eltern von erwachsenden Scientologen Großeltern werden. Den scientologischen Ehemann oder die Ehefrau hat man vielleicht noch als unabänderlichen Teil des Familienschicksals hingenommen. Nun geht es aber um die Enkelkinder. Auch in so einer Situation wird häufig erst einmal abgewartet. Insbesondere dann, wenn nach außen noch eine Form gewahrt bleibt. Die Kinder gehen auf normale staatliche Schulen, die Zeugnisse sind, nach allem, was man weiß, in Ordnung, man kann die Enkelkinder sehen und auch beschenken. Die erziehenden scientologischen Eltern haben dann irgendwann das Ziel, ihren Traum für sich und für ihre Kinder umzusetzen – endlich in eine der scientologischen Hauptstädte zu kommen, dorthin, wo die Sea-Org sitzt, die Eliteeinheit. Die Zelte werden nach und nach in der deutschen Heimatstadt abgebrochen. Was noch da ist, wird verkauft. Dem nichtscientologischen Teil der Familie wird der Umzug schmackhaft gemacht, man will nach Kopenhagen, nach Dänemark. Es wird sich bemüht, in einem guten Einvernehmen mit der durchaus kritisch eingestellten Familie klarzukommen. Eine der Bedingungen für die Aufnahme in die Eliteeinheit: keinen Stress hinterlassen. Wer weiß sonst, wie sich das später einmal auswirken könnte.

Ein Familienmitglied macht sich Sorgen, Bruder und Schwägerin hat es schon lange als nicht mehr rückholbar eingestuft, aber nun die Kinder. Sie waren alle in der Heimatstadt in staatlichen Schulen. Er sieht mit Sorge, dass alles aufgelöst wird und dass die Kinder abgemeldet werden sollen von den Schulen. Alles richtet sich nur noch auf ein Ziel, Umzug nach Kopenhagen. Dieses Familienmitglied leitet nun ein Verfahren vor dem Familiengericht ein mit dem Antrag, die Eltern zu verpflichten, ihre Kinder auf den Schulen bis zum Abschluss zu belassen. Die Kinder sind unterschiedlichen Alters und bekunden auch in der Familie, wie gerne sie doch nach Dänemark wollen. Immerhin wird in diesem Fall erst einmal erreicht, dass die Kinder das Schuljahr beenden. Es wird natürlich auch vor dem Jugendamt und dem Gericht versichert, dass man nicht in die Eliteeinheit der Scientology gehen will. Es sei nur ein Umzug nach Kopenhagen. Bis Ende des Schuljahres ist Pause. Die Auflagen des Gerichtes werden beachtet – abgesehen davon, könnten sie aus den genannten Aufnahmegründen auch gar nicht mit einem Prozess im Nacken in die Sea-Org aufgenommen werden. Das Schuljahr ist um, und man zieht um. Plötzlich alles ganz schnell. Abmeldungen bei den Schulen, Verabschiedung bei der Familie, Ummeldung der Anschriften nach Kopenhagen. Jetzt wird es schwer, den Kindern zumindest einen Teil außerscientologischen Lebens noch zu erhalten. Auch wenn sofort wieder ein Antrag unter Bezug auf das bereits geführte Verfahren gestellt wird: Die Gerichte streiten sich, wer zuständig ist. Außerdem wird dem Gericht erläutert, dass die Kinder in Dänemark eine nichtscientologische Schule besuchen. Überprüft wird dieses vom Gericht nicht, da die Zuständigkeit Vorrang hat, vor dem Schicksal der Kinder.

Bei Auseinandersetzungen dieser Art, bei denen Hilfe vom Staat notwendig wird, ist zu berücksichtigen, dass diejenige Person, die auf der Gegenseite steht (sei es bei dem Kampf um das alleinige Sorgerecht als ehemaliges Mitglied oder der Teil eines nichtscientologischen Haushaltes, der mindestens für die betroffen Kinder einen wenn auch noch so kleinen unbeeinflussten Bereich wie Schulbesuch an einer staatlichen Schule, sichern will), nie nur den einzelnen scientologischen Gegner hat. Er streitet nicht nur mit der ehemaligen Ehefrau oder der Schwester und dem Schwager vor dem entsprechenden Gericht, die Gegenpartei ist die Organisation, diese kämpft um das Kind. Wenn schon der Ehepartner nicht zu halten ist, sollen doch zumindest die Kinder erhalten bleiben, der Nachwuchs für das System. Rechtsanwälte, entweder selbst überzeugte Scientologen oder solche, die ohne Skrupel einzig und allein nur eine Mandantschaft kennen: die Scientology-Organisation und deren Mitglieder. Entsprechend gebrieft treten sie nicht erst im Gerichtssaal auf. In den Schriftsätzen bereits vor den mündlichen Verhandlungen wird sehr schnell deutlich, dass es nicht nur allein um das Kind geht. Es ist nicht vorgesehen, dass in einem Verfahren Scientology oder der Scientologe verliert, denn Hubbard hat unmissverständlich formuliert, dass Prozesse eine Strategie sind, nicht um zu gewinnen, sondern den Gegner zu zermürben. Es hat sich gezeigt, dass bei derartigen Auseinandersetzungen das Interesse am Kind vom scientologischen Elternteil relativ schnell verloren geht, wenn das Gericht gegen ihn entscheidet.

Im Frühjahr 1996 erzählte er (der nichteheliche Vater des Kindes, d. Verf.) mir zum ersten Mal von den hervorragenden Kursen, die er an der Akademie für Management und Kommunikation in Frankfurt belegt habe. Er würde sich weiterbilden, und er hätte sich noch nie in einer Institution so wohl gefühlt. … Im Spätsommer 1996 klagte Michael (der Sohn, d. Verf.) dann zum ersten Mal darüber, dass es bei Papa nicht mehr so toll sei, seitdem er immer so viele Gespräche mit ihm führen müsse. … An einem Nachmittag im Oktober 1996 hatte ich plötzlich den Wunsch, Peter (d. Vater) anzurufen, um zu hören, ob auch alles in Ordnung sei. Ich tat dies auch … Im Hintergrund schrie mein sechsjähriger Sohn: »Ist das meine Mami, bitte, Mami, hol mich schnell hier ab! Es ist so schrecklich hier!« … Die Mutter weiß zu diesem Zeitpunkt noch nicht, dass die »Gespräche«, über die der Junge klagt, von denen sie annimmt, dass es eine »erzieherische Ader« des Vaters sein könnte, Auditing-Verhöre sind.

(Potthoff, Norbert; Kemming, Sabine: »Scientology Schicksale. Eine Organisation wird zum sozialen Störfall«. Bergisch-Gladbach, 1998, S. 156f.)

Nach diesem Vorfall, dem Hilferuf ihres Sohnes und nachdem die Mutter feststellte, dass auch bei Besuchen unter ihrer Aufsicht der inzwischen scientologisch funktionierende Vater weiterhin versuchte, ihren Sohn zu beeinflussen, unterband sie die Besuche des Vaters. Da sie das alleinige Sorgerecht hatte, war dieses auch möglich. Der liebevolle Vater der Vergangenheit war zum Werkzeug der scientologischen »Pädagogik« geworden. Die vorher regelmäßig gezahlten Gelder für den Unterhalt stellte der Vater ein. Die Möglichkeit, die auch einem nichtehelichen Vater zusteht,

Besuchs- bzw. Umgangsrecht einzuklagen, wurde nicht wahrgenommen. Das Interesse am Kind war anscheinend gestorben. Und es leidet das Kind und dieses hat nichts mit einer Mutter zu tun, die ihrem Sohn aus welchen Gründen auch immer das Zusammensein mit dem Vater nimmt:

> Mein Kind leidet extrem unter dem Verlust dieses wunderbaren Vaters, der ihm nun nicht mal mehr eine Karte schickt.
>
> (Potthoff, Norbert; Kemming, Sabine: »Scientology Schicksale. Eine Organisation wird zum sozialen Störfall«. Bergisch-Gladbach, 1998, S. 158)

Auditing, wahrscheinlich war der Hilferuf des Kindes per Telefon damit verbunden. An dieser Stelle möchte ich zurückkommen auf meine Ausführungen zu Beginn des Buches zu den Themen »Auditing« und »E-Meter«, die – speziell auf Kinder und Jugendliche angewandt – eine ganz eigene Bedeutung haben und Gefahr bedeuten.

Damit das Auditing zum Wohle des Systems auch funktioniert, müssen die Frager, also die so genannten Auditoren, ebenso funktionieren wie die Auszufragenden, die zu Auditierenden. Nicht jeder ist dafür geeignet, sich als Ausforscher der intimsten Empfindungen von Menschen zu betätigen. Hubbard hat vor allem in Vorträgen durchaus deutlich ausgesprochen, dass die Kenntnis über alles, wirklich alles, der Menschen, für die Ziele der Organisation von Bedeutung ist.

> In einem Vortrag über die Grundlagen des »Auditing« äußert sich HUBBARD auch über die Möglichkeiten politischer

Machtausübung durch »Auditing«. Zweck seiner Ausführungen ist es, den Auditoren jegliche Hemmungen zu nehmen, auch die intimsten Geheimnisse von Menschen auszuforschen. Dabei geht HUBBARD von der Fiktion aus, mit dem »gläsernen« Menschen könnte der Weg zu einer gänzlich konfliktfreien Gesellschaft beschritten werden ... Tatsächlich sind die Scientology-Techniken Methoden zur Indoktrination und dienen der ideologischen Umerziehung.

(Landesamt für Verfassungsschutz Baden-Württemberg [Hrsg.]: »Die Scientology Organisation [SO]«. Stuttgart, 2003, S. 17)

Mit dieser Indoktrination kann man natürlich nicht früh genug anfangen. Verinnerlicht haben die Anhänger von Scientology, dass die eventuell seit Jahrmillionen Jahren entstandenen »Engramme« zu beseitigen sind. In einem von der Organisation herausgegebenen so genannten CEO Newsletter mit dem Titel »Der Zustand, in dem sich ein Kind befindet« vom 22. Juni 1986 wird deutlich, dass schon die Kleinsten diesem Verfahren ausgesetzt werden können:

Und du auditierst keinen Clear, ein neues Wesen. Wenn du ein Baby auditierst, auditierst du jemanden, der gerade durcheinandergerüttelt wurde und der gerade durch eine ungeheuer schwierige und verwirrende Erfahrung durchgegangen ist, die ihn Jahre kostet, bis er damit fertig wird. Da haben wir die Ängste der Kindheit.

Das gesamte Programm für alle. Da verwundert es dann auch nicht, dass speziell für die Eliteeinheit Sea-Org auch quasi eine Stellenanzeige auf scientologisch im System für die Einheit in Kopenhagen ausgeschrieben wurde. Eingeleitet natürlich mit einem Zitat des allwissenden Hubbard:

> Ron sagt: »Die gesamte Zukunft der Menschheit hängt von ihrer Einstellung gegenüber Kindern ab.« Die Anforderung an eventuelle Bewerber/innen wird so beschrieben: »Können Sie sich eine vollständige Scientology-Umgebung vorstellen, in der Kinder aus aller Welt, mit Scientology-Studiertechnologie, LRH-Kindergarten-Technologie, Ethik- und Admin-Tech, Auditing-Tech aufwachsen? Fürwahr, dies würde eine neue Zivilisation hervorbringen. In unserem Sea-Org-Kindergarten hier in Kopenhagen erreichen wir dies schon täglich zu einem gewissen Grad mit 60 Kindern von hochproduzierenden Mitarbeitern. Um unsere Aktivitäten expandieren zu können, möchten wir mehr Mitarbeiter einstellen. Wenn Sie daran interessiert sind, Rons Zwecke und Ziele in Bezug auf Kinder durchzuführen, sind Sie hier an der richtigen Stelle.«

Der folgende Fragebogen für die künftigen Mitarbeiter/innen beinhaltet auch eine Frage, ob der- oder diejenige lieber mit Babys oder kleinen oder großen Kindern arbeitet. Es fehlt, in der scientologischen Logik natürlich, die Frage danach, welche Ausbildung, zum Beispiel als staatlich anerkannter Erzieher oder Erzieherin, man hat. Ist ja auch nicht nötig, es zählt einzig und allein die Hubbard'sche Definition von Kind und Lernen. Angeboten werden Jobs als Kinderauditor oder Tutor, dieses mit dem Hinweis auf die kommende Tätigkeit versehen, jemand, der Kinder coacht und drillt. (Vollständiges Dokument veröffentlicht bei ingo-heinemann.de)

Er erscheint wie die Liebe aus dem Roman. Ilka ist überzeugt, sie hat den Mann gefunden, mit dem sie leben will. Er erzählt, was er alles kann und von vielen Plänen. Sie lernt auch die Mutter kennen, die auch ein aus ihrer Sicht überdurchschnittliches Interesse an ihr zeigt. Aber ihre Liebe stellt bei ihr doch einige Defizite fest, gegen die man aber etwas machen kann. Kurse, zum Beispiel. Kurse in der Organisation, in der seine Mutter eine relativ hohe Funktion ausübt und die er schon von Kindesbeinen an kennt: Scientology. Was tut man nicht alles für das Liebesglück, und außerdem, was soll schon passieren? Ihrem Freund scheint es gut zu gehen, der Mutter ja wohl auch. Klar, einiges kommt ihr schon etwas merkwürdig vor, so zum Beispiel, dass doch dieser nach eigenem Bekunden so fähige Mensch nicht genug Geld heranbringt, so dass sie sich sogar überreden lässt, ihre Großeltern anzupumpen. Aber reden kann er gut, immer wieder alles erklären, und irgendwie ist das schon beeindruckend. Vielleicht wird es ja besser, wenn auch sie auf dem Stand ist wie er, nach den Kursen, nach dem Auditing. Dann wird sie schwanger und ihre anfängliche Unsicherheit, ein Kind in die Welt zu setzen, schwindet mehr und mehr, da der Freund und dessen Mutter, aber wohl auch die inzwischen zahlreicher gewordenen scientologischen Vertrauten sich freuen. Außerdem hat der werdende Vater nun auch noch einen Job in Aussicht. Natürlich bei einem in der Organisation gut angesehenen Mann, der seine Firma in Krisengebieten für sanitäre Versorgung hat. Ein bisschen merkwürdig findet sie allerdings schon, dass ihr Freund, der seinen Job im Nahen Osten antreten soll, auf ihren inzwischen achtmonatigen Bauch einredet. »Als wenn das Kind ihn verstehen könnte, im Bauch«, sagt sie später. Denn er fordert seinen noch nicht geborenen Sohn auf, nun doch bitte herauszukommen, damit er abreisen kann. Hätte sie zu diesem Zeitpunkt die ganze scientologische Ideologie schon verinnerlicht gehabt, hätte sie sich nicht gewundert, dass mit dem Kind in ihrem Bauch schon gesprochen wird. Aber in dieser Weise findet sie es doch befremdlich. Die Beziehung entwickelt sich auch nach Geburt des Kindes nicht erfreulich. Sie reist mit ihrem kleinen Baby dem Vater hinterher ins heiße Kuwait. Was er dort eigentlich arbeitet, erschließt sich ihr nicht wirklich, aber er ist sich seiner Bedeutung bewusst.

Die Spannungen bleiben, sie funktioniert wohl nicht so richtig, und inzwischen machen sich auch ihre Eltern Sorgen um sie und um den kleinen Enkelsohn. Sie holen sich Hilfe, und auch Ilka hat irgendwann genug von dieser Beziehung. Der Vater zahlt keinen Unterhalt, und sie will nicht, dass ihr Sohn das gleiche Schicksal erleidet wie der Vater, scientologische Erziehung. Beide Seiten stellen Anträge um das Kind. Der Vater hat Hilfe von scientologischen Anwälten und seiner funktionierenden Mutter. Die Anhörung vor dem Familiengericht findet unter Polizeischutz statt, da der Vater Drohungen gegen die Innenbehörde in Hamburg ausgestoßen hat. Dieses hat auch zur Folge, dass er sich Ilka und dem Kind nicht nähern darf. Parallel zum Streit vor dem Familiengericht muss sie sich mit Schreiben und Anzeigen eines anderen scientologischen Anwalts auseinandersetzen, der behauptet, sie würde dem Vater ihres Kindes Gegenstände seines Eigentums aus der gemeinsam bewohnten Wohnung vorenthalten. Auch die Polizei schaut mal vorbei, da behauptet wurde, sie halte Eigentum zurück. Der ganz normale Psychoterror rund um das Verfahren ums Kind. Der Stress bleibt nicht so einfach in den Kleidern hängen, Ilka braucht Gespräche und Stütze, um da durchzukommen. Schlecht schlafen, Ängste auf der Straße begleiten sie in dieser Zeit. Sie hat um sich herum zum großen Glück Eltern und Freunde, die bei ihr sind und bei denen sie sich mit ihrem kleinen Sohn geborgen fühlen kann. So kann man diesen Stress durch- und aushalten. Inzwischen stellt der Vater keine Ansprüche mehr, sein Besuchs- oder Umgangsrecht zu bekommen. Ob das auch damit zu tun hat, dass die Presse, wenn auch nur in einem kleinen, aber gehaltvollen Artikel vom unter Polizeischutz stattgefundenen Verfahren berichtete? Dafür spricht vieles in der scientologischen Welt. Auch für Ilka und ihren Sohn ist jetzt endlich Ruhe eingekehrt, und sie kann wieder daran denken, ihr selbstbestimmtes Leben zu gestalten. Pläne hat sie und mit ein wenig Glück und ohne scientologisch inszenierten Stress wird es auch gelingen.

Kindern sollte dieses Schicksal erspart bleiben. Lernen und leben nach Hubbards Lehren im System Scientology, mit Erziehung zum Gehorsam im System und voller Kontrolle. Alles, was für Erwachsene gilt, gilt auch für Kinder, denn, so L. Ron Hubbard:

… Ein Kind ist keine besondere Tierart, die sich vom Menschen unterscheidet. Ein Kind ist ein Mann oder eine Frau, nur noch nicht zur vollen Größe herangewachsen. Jedes Gesetz, das für das Verhalten von Männern und Frauen gilt, gilt auch für Kinder.

(Potthoff, Norbert; Kemming, Sabine: »Scientology Schicksale. Eine Organisation wird zum sozialen Störfall«. Bergisch-Gladbach, 1998, S. 153)

Mit dieser Aussage ist dann eben auch verbunden, dass Kinder die Verantwortung für sich übernehmen müssen, egal, wie es ihnen geht, egal ob sie Wärme in einer Situation brauchen:

Ich erinnere mich an eine Situation, als ich 15 Jahre alt war. Ich hatte Probleme in der Schule und zu Hause. Ich fühlte mich alleingelassen und ungeliebt. Ich dachte sogar an Selbstmord. Ich wünschte mir, mein Vater würde mich in die Arme nehmen und mir sagen, dass er mich liebt. Er tat es nicht – und ich wollte ihn auch nicht darum bitten. Schließlich fragte ich, was er machen würde, wenn ich mich umbrächte. Seine Antwort: »Das liegt allein in deiner Verantwortung, Tanya.«

(Potthoff, Norbert; Kemming, Sabine: »Scientology Schicksale. Eine Organisation wird zum sozialen Störfall«. Bergisch-Gladbach, 1998, S. 154)

Die Sea-Org

Der Drill für die Elite

Schnell mit dem Auto für das Frühstück am Wochenende auf den Markt fahren, frische Brötchen holen für sich, den Lebenspartner und den seit einigen Tagen aufgenommenen Hausgast. Nichts Ungewöhnliches. Aber die Ausfahrt aus der Tiefgarage des Wohnblocks wird behindert. Ein Auto mit dem Kennzeichen einer anderen deutschen Großstadt blockiert den Weg zur Straße. Also zurücksetzen und warten, bis der Weg frei ist. Allerdings der Wagen wird nicht weggefahren, stattdessen steigt der Fahrer aus und kommt auf die junge Frau im Auto zu, die inzwischen wieder geparkt hat und ausgestiegen ist, um wieder in die Wohnung zu gehen. Schlagartig realisiert sie, wer aus der anderen Großstadt Deutschlands den Weg zu ihrer Tiefgarage gesucht haben könnte. Richtig, die Verwandte ihres Hausgastes. Diese Person tritt dann auch massiv auf, kommt nahe an sie heran, fragt eindringlich nach dem Besuch und steht später vor der Wohnungstür. Die Person fordert Einlass und das Gespräch mit der derzeitigen Mitbewohnerin des jungen Paares in Hamburg. Das Auftreten ist aufdringlich, fordernd und unangenehm, obwohl später nicht berichtet wird, es hätte Drohungen oder Ähnliches gegeben. Das Verhalten der Person löst Verunsicherung und Angst aus.

Überraschungsbesuche dieser Art oder ähnliche sind für Personen, die sich mit der Scientology-Organisation befassen, keine ungewöhnliche Situation. Das junge Paar hatte in seiner Wohnung eine Frau aufgenommen, damit diese nach ihrer Rückkehr aus dem schönen Kopenhagen nicht gleich wieder in ihre Wohnung ziehen musste. Das wäre sowieso erst einmal schwierig geworden, denn die Wohnung war so gut wie leer. Die Möbel verschenkt, an die Familie gegeben oder Ähnliches. Aufgelöst genauso wie der Arbeitsvertrag und alles andere vor ungefähr acht Wochen. Denn zu dieser Zeit war sie den Weg nach Kopenhagen gegangen. Die Auflösung, inklusive Verabschiedung von Bekannten wie dem jungen Paar in der Nachbarschaft, deren Katzen sie hin und wieder gefüttert hatte, war vorgegeben, da sie nicht beabsichtigte, je wieder zurückzukommen. Sie wollte nun endgültig dorthin, wohin viele Mitglieder der Scientology-Organisation streben und wo viele Eltern ihre Kinder irgendwann am liebsten unterbringen würden: in die Eliteeinheit der Organisation, die Sea-Organisation.

Die netten Nachbarn mit den Katzen hatten von der jungen Frau in der Vergangenheit erfahren, dass sie aus einem scientologischen Elternhaus stammt und sich gelöst hatte. Sie hatten sich auch etwas informiert über diese Organisation und waren deshalb alarmiert, als die junge Nachbarin verkündete, sie hätte ihren Arbeitsplatz und ihre Wohnung gekündigt, um nach Kopenhagen zu ziehen. Die Befürchtungen der Nachbarn bestätigten sich schnell, die junge Frau hatte wieder engeren Kontakt zu ihren Eltern und Geschwistern aufgenommen und diese hatten wohl schnell die Möglichkeit erkannt, das fast »verlorene Schaf« wieder zurückzuholen. Nach den Schilderungen der jungen Frau über den nun endgültig vollzogenen Bruch nach ihrer Rückkehr aus Dänemark, hat der scientologische Familienteil sehr schnell den Kontakt zu dem früheren Auditor der jungen Frau hergestellt. Dann kam die Vermittlung an eine Mitarbeiterin aus der Europazentrale in Dänemark, in Kopenhagen, eine Mitarbeiterin der Sea-Org. War es die Sehnsucht nach der Familie? Genau ist das nicht festzustellen, aber die junge Frau lässt sich, trotz früherem Bruch mit der Organisation, sehr schnell überreden, einen so bezeichneten unverbindlichen Besuch in der Zentrale in Kopenhagen zu absolvieren. Dieser unverbindliche Besuch endet mit der Unterschrift des Vertrages mit der Sea-Organisation. Dieser Vertrag verpflichtet die Personen, für die nächsten Millionen von Jahren für die Organisation zu arbeiten.

Wieder zurück von dieser Stippvisite, aber mit geleisteter Unterschrift wird nun der Druck, den Vertrag auch zu erfüllen, stärker. Er muss so stark geworden sein, dass der Schritt, alles aufzulösen, irgendwann Ende 2004 logisch erschien.

Einmal in Kopenhagen angekommen, beginnt der Drill. Jedes Scientology-Mitglied, das in die Sea-Org aufgenommen werden möchte, muss ein Aufnahmeprogramm absolvieren: das Estate Project Force (EPF).

Die Berichte von ehemaligen Mitgliedern, die dieses Programm durchlaufen haben, variieren nur in Nuancen. Die Sea-Org-Einheiten in Großbritannien, Dänemark oder den USA arbeiten natürlich alle nach den Vorschriften des Gründers, und damit können die Erfahrungen nur ähnlich sein.

In diesem Fall kommt die junge Frau in Kopenhagen in eine Gruppe von ca. 30 Personen zwischen 14 und 60 Jahren, wobei nach ihrer Erinnerung die meisten Teilnehmer/innen zwischen 14 und 16 Jahre alt waren – also Kinder oder Jugendliche. Alle diese »Frischlinge« wurden einem so genannten Security-Check (Sec-Check) unterzogen, bei dem unter anderem alle Namen und Anschriften von Freunden angegeben werden mussten.

Die Unterbringung bei der Elite unterscheidet sich auch nicht von dem in anderen der Scientology-Welt, Zimmer mit 6 bis 9 Betten, Dusche/WC auf der Etage. Ein Schrank für jeden, Kontrolle der persönlichen Gegenstände und natürlich die Elitebekleidung, ein blauer Overall. Uniformierte Bekleidung, das Merkmal der Einheit. Bei ca. 300 Personen im Haus würde die Pflege der verbindlichen Kleidung schwierig bei nur fünf Waschmaschinen und einem Trockner. Die Lösung zum Waschen, nachts.

Der Tag beginnt um 6.30, Zeit zum Essen 20 Minuten, das Angebot in Fett triefende Spiegeleier, Tag für Tag. Die Kriterien sind hart, schließlich will man in die absolute Elite, also sitzt man separat zu den schon aufgenommenen Menschen. Gespräche mit diesen sind auch untersagt, es sei denn, einer von diesen »Größen« lässt sich herab, das Wort an einen zu richten. Dann allerdings bitte auch mit Respekt behandeln. »Sir« ist die Anrede, die erwünscht ist. Nach dem Frühstück die Arbeit, Renovierungsarbeiten am oder im Haus. Danach Studierzeit, kurzes Abendessen, dann wieder Studierzeit bis spät abends. Dazwischen Appelle und Kontrolle der Anwesenheit der Teilnehmer. Aber durchaus auch Nachtarbeit, wenn angeordnet. Ein weiteres Aufnahmeritual ist, sich möglichst nur im Laufschritt bewegen, Freizeit, eigene Angelegenheiten regeln oder persönliche Bedürfnisse, keine Zeit dafür. Auch die Studierzeiten geben keine Atempause, denn was muss erlernt werden, die Hubbard'schen Lehren als Kurse. Beliebt ist der Kurs des so genannten »Wortklärens«: Hubbard Lexikon, Duden, Wahrig Wörterbuch und dann definieren und umdefinieren von Begriffen. Die von Hubbard entwickelten unterschiedlichen Methoden kommen zum Einsatz und natürlich ist jemand dabei, der die Kontrolle hat. Kann jemand bei Nachfrage über die Bedeutung eines Begriffes nicht gleich eine befriedigende Antwort bieten, gilt dieses als missverstandenes Wort. Der Teilnehmer muss mit dem gesamten Text noch einmal beginnen. Denn laut Hubbard führt schon ein Wort, das nicht richtig gedeutet ist, zum Missverständnis des ganzen Textes. So kann es Wochen dauern, bis jemand überhaupt ein paar Seiten von Hubbardtexten durchgearbeitet hat. Des Drills nicht genug. Täglich militärartige Übungen, Aufstellen, der Trainer gibt Hubbardzitate vor, und die Gruppe muss diese schreiend wiederholen.

Natürlich verfügt auch die Eliteeinheit über eine Ethik-Abteilung, die bei festgestellten Verstößen tätig wird. Das kann, wie in anderen Abteilungen der Scientology auch, darin bestehen, dass stundenlang »Overts« aufgeschrieben werden müssen. Ein Overt ist in der scientologischen Sprache eine schädliche Handlung. Laut Fachwortsammlung L. Ron Hubbard eine gegen das Überleben oder gegen die Dynamiken gerichtete Handlung. Es genügt auch schon eine unterlassene Handlung, um als »Overt« gekennzeichnet zu werden. Nach Absolvieren der Maßnahmen der Ethik-Abteilung folgt wieder einmal ein Sicherheits-Check, zur Überprüfung der Zulassung für das Programm.

Krank werden darf man natürlich überhaupt nicht, Krankheit gilt als unethisch und damit als »gegen die Dynamiken gerichtet«. Sollte doch jemand mal einen Schnupfen oder gar Fieber bekommen, wird er von der Gruppe isoliert. Der so genannte »Medical Officer« kann beantragt werden, schriftlich. Ob es sich dabei um Ärzte oder zumindest medizinisch ausgebildetes Personal handelt, wäre mit Sicherheit eine Nachfrage wert. Die angebotene Heilung ist natürlich scientologisch. Vitamine, Vitamindrinks, die so genannten Beistände (Assists) oder – wahrscheinlich bei schlimmeren Fällen – das PTS-Handling (Potential-Trouble-Source) am Hubbard-E-Meter, denn nach den Lehren sind alle kranken Menschen eine potentielle Schwierigkeitsquelle (»… all sick people are PTS.« Hubbard, L. Ron: »Dianetics and Scientology Technical Dictionary.« Los Angeles, 1975, S. 326)

Da die Kontrolle umfassend ist, darf das Gebäude auch nur in der Gruppe verlassen werden. Wird von außen Kontakt aufgenommen, wird auch dieses kontrolliert. Telefonate werden in Anwesenheit eines Sea-Org-Mitarbeiters getätigt, Briefe werden geöffnet ausgehändigt. Kontrolle total.

Wann das Aufnahmeprogramm beendet ist, wird von

denjenigen bestimmt, die die Aufsicht führen. Selbst wenn bei Ankunft maximal drei Wochen in Aussicht gestellt werden, kann sich das schnell als Irrtum herausstellen. So gibt es Schilderungen, dass sich dieses Programm über Monate hinzieht, und wenn es schlecht läuft, damit endet, wieder nach Hause geschickt zu werden. Für Mitglieder der Organisation, die verinnerlicht haben, dass es einzig und allein darum geht, über die funktionierende Scientology die Menschheit zu retten, kann eine Abweisung für die Person selbst, aber auch für das scientologische Umfeld als Katastrophe begriffen werden. Man hat schließlich versagt.

»Vivian verklagt Scientologen-Eltern.« Im Jahr 2002 beherrscht die deutschen Medien erstmals das Schicksal einer jungen Frau, die durch ihre Eltern scientologisch aufgewachsen ist und nach ihrem schweren Weg hinaus Rechenschaft für die scientologische Erziehung einfordert.

Auch Vivian hatte Erfahrungen mit der Eliteeinheit. Allerdings in England, dem weiteren Europazentrum, neben Kopenhagen. In der Nähe Londons gelegen, in West Sussex. Saint Hill ist die scientologische Bezeichnung für das britische Refugium. Angeboten werden dort, wie auch in Dänemark und den USA, die höheren Abschlüsse des Scientology-Imperiums. Aus aller Welt kommen die Scientologen, um dort die höheren OT-Weihen zu erhalten. Um nämlich diese Kurse anbieten zu können, müssen Einheiten eine bestimmte Größe erreicht haben. In vielen Schriften, von der Saint Hill-Größe geschrieben.

Mit 13 Jahren macht Vivian das erste Mal Erfahrung mit der Elite. Auch sie muss natürlich das Estate-Projekt-Force durchlaufen. Ohne Eltern, ohne formale Erziehungsberechtigte untergebracht. MEST-Work, die Arbeit für Materie, Raum, Zeit und Energie, sieht körperliche Arbeit vor. Stundenlang, manchmal bis tief in die Nacht. Die Ernährung ist nicht gerade kindgerecht und gesund, Bohnen und Reis, ausschließlich. Körperliche Arbeit, Studium der Hubbard-Schriften, Vivian hält es nicht lange aus. Aber der Druck bleibt, die Sea-Org als erstrebenswerte Lebensplanung, Vivian hatte Träume, wie alle Teenies, am liebsten eine künstlerische Karriere. Mit 15 Jahren der zweite Aufenthalt, nun soll es endlich klappen mit der Aufnahme und der Erfüllung der Träume. Das Aufnahmeprogramm war wie zuvor, harte körperliche Arbeit, dieses Mal an einem Gebäude namens Walsh Manor, Renovierungen sind nötig und die Fünfzehnjährige arbeitet und arbeitet. Sie hat Stress, weil es – für das jugendliche Alter nicht ungewöhnlich – eine erste kleine zarte Liebelei gibt. Bei Scientology ein Vergehen auf der Zweiten Dynamik.

Sie wird bestraft. Wochen-, ja monatelang muss sie ihre Overts aufschreiben, sie gilt als out-ethic und darf auch nur mit den anderen zu klassifizierten Personen essen. Sie leidet, sie wird krank, aber statt Medikamenten, denn die sind ja verboten, der so genannte Lokalisierungsprozess, was die Schmerzen aber nicht lindert. In ihrer Klage gegen die Eltern will sie später mit einem Attest beweisen, dass ihr Rückenleiden von der harten Arbeit im Wachstumsalter herrührt. Vor allem aber verklagt sie ihre Eltern und damit erstmalig die scientologische Erziehung wegen der mangelnden Schulausbildung. Ohne ordentlichen Schulabschluss verlässt sie 1998 die Organisation und ihre Familie. Immer wieder berichten Ex-Scientologen von angeblichen Grausamkeiten der »See-Organisation«. Scientology-Gründer L. Ron Hubbard hatte die Truppe 1967 initiiert – »aus Sorge um das Wohlergehen der Menschheit«, heißt es auf der Homepage der »Kirche«. Die Realität ist offenbar eine andere. Da ist von Drill und endloser Schufterei die Rede. Auf Krankheiten werde keine Rücksicht genommen. Für Schule sei fast nie Zeit. Wer aufgibt, gilt als Versager, als Schande für die Familie«, berichtet die Hamburger Morgenpost am 30.10.2002 von dem Prozess Vivians. Das Gericht vermittelt, allerdings mit sehr deutlicher Aussage, dass Vivian einen Anspruch auf Schulbildung gehabt hat und dieser wurde ihr versagt. Es geht hier nicht mehr um das Ob, sondern nur noch um die Höhe der zu zahlenden Summe für entgangene Bildung, stellt der Richter bereits sehr früh klar. Aber die Entscheidung der von scientologischen Rechtsanwälten begleiteten Eltern fällt schwer und dauert lange. Doch auch Versuche, im Gerichtssaal die Ansprüche der jungen Vivian an ihre Eltern in eine Anti-Scientology-Kampagne zu verwandeln, lässt das Gericht unbeeindruckt. Schließlich der Vergleich: 35.000 Euro haben die Eltern für vergangenes Unrecht an der Tochter zu zahlen. Die gesundheitlichen Schäden und die möglichen Gründe dafür aus ihrer scientologischen Vergangenheit werden nicht mehr erörtert.

Von Schiffen und Platzmangel.
Was sind eigentlich Kinder?

Die Gründung der Sea-Organisation durch L. Ron Hubbard geht auf den Kauf von Schiffen zurück. Eine Art Flucht auf hohe See durch den Gründer. Ende 1966 kaufte die Hubbard Exploration Company, eine der inzwischen zahlreichen größeren und kleineren Gesellschaften, die Hubbards verzweigtes Imperium darstellten, mehrere Schiffe.

Mit dem Kauf der Schiffe schaffte Hubbard die Grundlage, sein Hauptquartier auf die offene See zu verlegen. Denn mittlerweile wurde die Situation für ihn und die Scientologen in England dramatisch. Zum einen soll ihm die Steuerfahndung auf den Fersen gewesen sein, zum anderen wurde Scientology Gegenstand parlamentarischer Untersuchungen ... Am 12. August gab Hubbard in der ›Flag Order Nr. 1‹ die Formation der so genannten Sea-Organisation bekannt ... Hubbard selbst erklärte, die »Sea-Org« sei die »einzige Garantie des Überlebens der Scientology-Technologie auf diesem Planeten«. Mitglieder der Ordensgemeinschaft »Sea-Org« tragen Pseudo-Marine-Dienstgrade und -uniformen und sind militärisch durchorganisiert. Laut Eigenbroschüre soll die »Sea-Org« die »Scientology funktionstüchtig erhalten«.

(Minhoff, Christoph; Müller, Martina: »Scientology. Irrgarten der Illusionen«. Betrlin, 1998, S. 37)

Das Leben auf den Schiffen wird für die Scientologen von Anfang an schwierig.

Jon Attack, ein ehemaliges Mitglied der frühen Jahre

schildert in seinem Buch »A Piece of Blue Sky« die sich immer verschärfenden Regularien unter dem Stichwort Ethik auf den Schiffen.

Auf Las Palmas wurde die Crew der Avon River (ein Schiff aus Hubbards Flotte) bei der fortgeschrittenen »Erforschung« der (scientologischen) Ethik der »Heavy Ethic« (verschärfte Ethik), als die sie bald bekannt wurde, zu Hubbards Versuchskaninchen. Neue niedrige Ethik-Zustände wurden eingeführt, alle in einer Reihe von Abstufungen … Die arme Frau, die Hubbard bei seiner Erforschung des Ethik-Zustandes Lability (Schuld) diente, musste, um ihre Unzulänglichkeit gegenüber den Kollegen zu dokumentieren, einen grauen schmutzigen Lumpen um den Arm tragen. Im Zustand »Doubt« (Zweifel) lief sie mit einer schwarzen Markierung auf der Backe herum und trug eine große ölige Kette um ihr Handgelenk.

(Minhoff, Christoph; Müller, Martina: »Scientology. Irrgarten der Illusionen«. Berlin, 1998, S. 39)

Harte Regeln, die entwickelt wurden, um die Sea-Org-Mitglieder zu drillen. Umgesetzt werden sie bis heute. Diejenigen, die Schuld auf sich geladen haben, können im so genannten Rehabilitationsprojekt (RPF) landen. Dort sind dann schwarze Kleidung und Armbänder als Markierung bis heute an der Tagesordnung, um den anderen zu symbolisieren: nicht ansprechen, derjenige befindet sich zurzeit außerhalb der scientologischen Normen.

Die Erfahrungen, die Vivian mit der Ausgrenzung als out-ethic machte, gehen auf die »Forschungen« des Gründers auf den Schiffen zurück.

Die Ausweitung der Schiffsangebote auf Landbasen liest sich in der Außendarstellung der Scientology-Organisation folgendermaßen:

> Die FLAG-Service-Organisationen (FSO) sind ein spirituelles Zentrum für Scientologen aus aller Welt ... Ende der 60er bis Mitte der 70er Jahre befanden sich die höchsten kirchlichen Organisationen an Bord einer Flotte. Das 107 Meter lange Schiff Apollo diente L. Ron Hubbard als Wohnsitz und war deshalb damals die höchste Scientology-Kirche, bekannt als das »Flagg-Schiff« der Flottille, kurz »Flag« genannt.« ... Da jedoch mehr und mehr Scientologen an diesen Stufen teilnehmen wollten, machte der Raummangel einen Umzug an Land nötig.
>
> (New Era Publications International [Hrsg.]: »Was ist Scientology?«. Kopenhagen, 1998, S. 294)

Die Sea-Organisation geht also an Land. In Clearwater/Florida wird Mitte der 70er Jahre ein großes Gebäude, ein ehemaliges Hotel, gekauft. Das Harrision-Hotel ist heute eine der Zentralen der Sea-Org. Die Richtlinien, die auf den Schiffen galten, gelten nun auch in den Landbasen in den USA und in Europa.

Dieses bedeutet für alle, dass sie den gestrengen Sea-Org-Mitgliedern zu gehorchen haben. Für Kinder bedeutet dieses, dass sie genauso zu handeln haben und so behandelt werden wie Erwachsene. Denn Hubbard hat sich darum gekümmert, dass in der strengen Eliteeinheit das Heranwachsen einer gehorchenden Einheit geregelt ist. Die Sea-Org kennt die Ausbildung von Kindern als Sea-Org-Mitglieder, aber auch eine von Hubbard besondere geschaffene Gruppe, die so genannten Kadetten. Wie bei ihm nicht anders möglich, wird ein Begriff kreiert, wer Kadett ist, ist kein Kind mehr. Der FLAG-Befehl 760 vom 25. Mai 1968 liefert unter dem Titel »Kadetten, Untertitel Kinder« folgende verbindliche Definition:

> Jedes Kind, das seinen Prüfbogen Mannschaftsstatus II, Vollmatrose oder Maschinenraum, erfolgreich erledigt hat und einen Posten in der Sea-Org hat und gute Ethik-Aufzeichnungen vorweisen kann, wird ab jetzt nicht mehr allgemein als »Kind« bezeichnet, sondern als KADETT. (Großschreibung im Original, d. Verf.): Das Wort »Kinder« darf nicht verwendet werden, um sie zu bezeichnen, da es ein allgemeiner Ausdruck ist. Wenn Kinder anwesend sind, werden sie als Kinder eingeordnet, was Kadetten jedoch nicht einschließt. Kinder sind Personen, die keine Prüfbögen erledigt haben und keine bezahlten Posten in der Sea-Org innehaben … Ein Kadett hat einen Rang, der dem gemeinen Matrosen oder dem Motorenhelfer entspricht.

Ehemaligen Anhängern mit Sea-Org-Erfahrung sind die gesonderten Kadettenschulen bei ihren Aufenthalten aufgefallen. Ein Bericht aus der Sea-Org-Abteilung Kopenhagen schildert, dass die Kinder nicht älter als sieben Jahre waren und beobachtet wurde, dass diese Kadettenanwärter, um ein wenig Taschengeld zu erhalten, bis spät in die Nacht Kuchen gebacken haben, um diese an die Sea-Org-Mitglieder zu verkaufen. Kindgerechte Erziehung sieht anders aus.

In der Vergangenheit stand immer mal wieder das Familienleben in der Sea-Org in öffentlicher Kritik. Denn selbstverständlich können auch ganze Familien ihr irdisches Leben aufgeben und sich für die Langzeittätigkeit in der Sea-Org anwerben lassen. Eine Zeitlang wurden die so genannten Familienzeiten in der Sea-Org diskutiert, die das Zusammensein zwischen Eltern und Kindern regeln sollten. Von der Scientology-Organisation, wenn irgend möglich immer dementiert, gibt allerdings eine Anweisung Hubbards eher denen recht, die ein Familienleben der Sea-Org-Mitglieder nicht erkennen konnten.

Verantwortlich für die »Betreuung« der Kinder sind Gouvernanten. Die Aufgabenstellung dieser Position ist im FLAG-Befehl 1630 vom 3.12. 1968 niedergelegt:

Der Posten der Gouvernante wird für Kinder eingerichtet, die keine Kadetten sind und über sechs Jahre alt sind oder nach der Festlegung durch den Kapitän. Ein Kind ist jemand, der kein Org- oder Schiffsamt ausüben kann. Es wird nicht auf der Gehaltsliste geführt ... Kinder müssen mindestens 10 Stunden täglich lernen. Sie dürfen nicht unkontrolliert das Schiff durchstreifen. ... Jedes Kind unter 6 Jahren ist als »Kleinkind« oder »Baby« zu bezeichnen ... Die Gouvernante ist voll für die Handlungen, das Benehmen und die sittliche Gesinnung der Kinder verantwortlich ... Die Gouvernante darf die ihr anvertrauten Kinder nach ihrem Ermessen schlagen oder züchtigen.

Alle Macht der Gouvernante, zu den Eltern nur ein knapper Satz:

Ihre Kleidung und ihr Unterhalt werden von den Eltern bezahlt. Sie nehmen ihre Mahlzeiten gemeinsam ein und dürfen nicht ins Kinderzimmer.

Das klingt doch sehr nach Abgabe der elterlichen Sorge an die Sea-Org-Verantwortlichen.

Ob in den USA, in England oder Dänemark, für die Erwachsenen steht der Drill in der Elite genauso bevor wie für die Kinder und Jugendlichen. Denn wenn Jugendliche in die Sea-Org gelockt werden oder von den Eltern suggeriert bekommen, wie stolz sie wären, ein Kind zu haben, das dort lebt und arbeitet: Es erwartet sie alle das oder Ähnliches, was 1997 in einem Bericht der Süddeutschen Zeitung zu lesen war:

Auf Tanya warten acht bis zehn Stunden Arbeit am Tag, dazu fünf Stunden Studium der Hubbard'schen Schriften. Vor Mitternacht kommt sie selten ins Bett. Etwa 300 Scientologen leben in Saint Hill, dazu, nach Scientologys eigenen Angaben, 77 Kinder und Teenager. »Die Kinder werden«, sagt Tanya, »immer mehr ... Keine Arbeit war offenbar zu hart für Kinder von zum Teil gerade 14 Jahren ... Sie habe ihren Posten nicht verlassen dürfen, selbst nicht, als sie unter Fieber gelitten habe. Einmal sei sie von einer anderen Scientologin zusammengeschlagen worden, »sie wollten nicht, dass ich zum Arzt gehe. Bis ich gesagt habe, ich arbeite keinen Strich mehr.« Der Arzt habe dann Gehirnerschütterung diagnostiziert und mindestens drei Tage Ruhe verordnet, »aber ich durfte mich nicht hinlegen, ich war ja auf Posten ... Du wirst fertiggemacht, angeschrien, erniedrigt.«

(»Süddeutsche Zeitung«, 21.4.1997, Nr. 91, S. 3)

Dieser Bericht stammt aus dem Jahr 1997, wie viele Kinder und Jugendliche sind jetzt in den weltweiten Einrichtungen der Sea-Organisation der Scientology den Anweisungen ausgesetzt und arbeiten und lernen die Hubbard'sche

Überlebensstrategie des Planeten Erde und des Universums? Nur wenige schaffen den Weg hinaus, und auf diese wartet ein langer, beschwerlicher Weg in die reale Welt.

Strafe muss sein

Zur Sea-Organisation gehört eine Einrichtung mit dem Namen Rehabilitation-Project-Force (RPF). Nach scientologischer Darstellung eine völlig normale Einrichtung, die dazu dient, Personen zu rehabilitieren. Weil es offensichtlich in der Scientology Menschen gibt, die Fehler machen. Ehemalige Insassen dieses RPF nennen es allerdings anders – »Straflager« ist der gängige Begriff aus ihrem Mund.

Die Einführung dieses Rehabilitationsprojektes geht ebenfalls auf die Zeit auf den Schiffen zurück, daher der Zusammenhang mit der Sea-Org.

Anfang 1974 wurde an Bord des Sea-Org-Flaggschiffes »Apollo« das »Rehabilitations-Project-Force« (RPF) eingeführt. Corydon (ein kritischer Buchautor, d. Verf.) nennt es ein »Slave labor prison project« (Sklavenarbeit-Gefängnisprojekt). Wer zum RPF-Insassen wurde, musste die Reste essen, die die Schiffscrew übriggelassen hatte. Er durfte nicht ohne Erlaubnis mit anderen Passagieren sprechen, schlief in verdreckten Maschinenräumen, trug zur Kennzeichnung einen blauen Overall und durfte sich nur im Trab bewegen. Ein gewöhnlicher Grund, jemanden ins RPF zu schicken, war dessen Absicht, Scientology zu verlassen.

(Minhoff, Christoph; Müller, Martina: »Scientology. Irrgarten der Illusionen«. Berlin, 1998, S. 43)

Zu Hubbards Motiven für die Einrichtung des Programms im Januar 1974 gehörte auch persönliche Vergeltung. Als Hubbard Ende 1973 auf Teneriffa ... an Land gegangen war, um mit seinem Motorrad zu fahren, stürzte er und erlitt Verletzungen. Während er sich an Bord des Flaggschiffs erholte, machte er namentlich nicht genannte Besatzungsmitglieder für den Unfall verantwortlich, die seiner Meinung nach seine Befehle nicht mit genügend Sorgfalt ausführten. Als Reaktion darauf ordnete er die Schaffung des RPF an. Seine Absicht war, ihm alle diejenigen zuzuweisen, die eine gegen seine Anordnungen oder Wünsche gerichtete »Gegen-Intention« hatten ..., dazu alle Störenfriede und Rückfälligen.

(Kent, Stephen A.: »Gehirnwäsche im Rehabilitation Project Force [RPF]«. Hamburg, 2000, S. 21)

Als wäre diese Erziehungseinrichtung für Störenfriede noch nicht genug, gab es wenig später noch eine Verschärfung. Er schuf das RPF im RPF. Auch dieses schriftlich, in einer Flag-Conditions-Order, »Flag-Zustandsbefehl«. Dorthin kommen die Personen, die sich bereits im »normalen« RPF befinden, aber keinen befriedigenden Fortschritt machen. Im Hubbard Management Technology Wörterbuch liest sich das so:

... und weil sie deshalb nicht in der Lage war, eine Notwendigkeit für eine Wiedergutmachung zu erkennen oder irgendein Mittel, dies zu bewirken.

(Kent, Stephen A.: »Gehirnwäsche im Rehabilitation Project Force [RPF]«. Hamburg, 2000, S. 21)

Nach der Maßgabe, alles was auf den Schiffen existierte, gibt es nach dem Landgang auch dort, sind diese Lager auch da, wo Sea-Org-Abteilungen existieren.

Die bisher drastischsten Schilderungen von ehemaligen Insassen dieses Lagers stammen aus Kalifornien. Es gibt sie aber auch aus England und Dänemark. Es handelt sich um Maßnahmen des Freiheitsentzuges mit schwerer körperlicher Arbeit, Schlafmangel, ungenügender Ernährung und mangelnder medizinischer Betreuung.

Hinzu kam – einem Erziehungslager ähnlich – das intensive Studium der ideologischen Schriften Hubbards.

Wenn weder Strafen noch dringende Arbeitszuteilungen Konflikte mit der Zeit für das Studium bedeuteten, verbrachten RPF-Insassen bis zu fünf Stunden täglich damit, Scientology-Lehrsätze zu studieren und an zahlreichen Auditing- und Beichtsitzungen teilzunehmen … Man muss als wahrscheinlich annehmen, dass der Zweck dieses intensiven Studiums darin bestand, jemandem Hubbards Lehre zur gleichen Zeit einzuflößen, zu der noch ein weiterer RPF-Aspekt aktiv war – erzwungene Geständnisse. Das heißt, während jemand das studierte, was nach Scientology-Meinung die eindeutige Wahrheit darstellte, erhielt der Betreffende ständig … die Botschaft, dass er schwach und schuldbeladen und zu seiner Anleitung voll und ganz auf die Lehren des Anführers angewiesen sei.

(Kent, Stephen A.: »Gehirnwäsche im Rehabilitation Project Force (RPF)«. Hamburg, 2000, S 42)

Und die Sea-Org-Kinder? Auch über Kinder gibt es Berichte aus dem RPF. Nach der Ideologie auch logisch, denn die FLAG-Order 354 mit der Überschrift SEA-ORG Children beginnt mit dem eindeutigen Satz: »Sea-Org Children are crew«. Sie gehören also zur Mannschaft, zur Besatzung der Sea-Org. 1976 soll Hubbard ein Kinder-RPF eingerichtet haben. Die Dokumentenlage darüber ist spärlich. Was bekannt geworden ist, ist von der Organisation unbestritten:

Das Schreiben oder Memo von einer Seite Länge gibt auch Einsicht in das Leben von Kindern in der Cadet Organisation und in Verbindung mit ihr. Cohee schrieb, es gebe … »verschiedene Kadetten und ›abgehauene Kadetten‹ (d. h. Ausreißer), die in das Kinder-RPF gehören.« Während die meisten Kadetten sich besserten und »produktiv« seien, gebe es einen sehr kleinen Prozentsatz von Unruhe- und Störungsquellen, die die Bemühungen sabotierten, die Dinge in Ordnung zu bringen. Ein (im Text genannter Junge) war ein spezielles Problem: »Er muss aus den Tätigkeitsgebieten aller anderen herausgenommen werden (d. h. aus der täglichen Arbeit der Organisation) und an das Kinder-RPF überstellt werden. (Er) hat vor kurzem eine Rasierklinge genommen und sich überall auf den Armen ›X‹ in die Haut geschnitten. Er ist in der PT (present-time = Jetztzeit) psychotisch und muss genau beaufsichtigt werden.«

(Kent, Stephen A.: »Gehirnwäsche im Rehabilitation
Project Force (RPF)«. Hamburg, 2000, S. 47)

Im Hier und Jetzt psychotisch, für diese Fälle gibt es ein besonderes Programm, den so genannten Introspektion-Rundown. Nach den Unterlagen ist dieser wohl 1974 von

Hubbard in einer Anweisung festgeschrieben. Überarbeitet allerdings 1991, fünf Jahre nach Hubbards Tod. Es muss wohl Gründe dafür geben, dass dieser »Kurs« anscheinend an Bedeutung gewonnen hat, dass man auch diesen überarbeiten musste. Die Definition, wann sich eine Person in einer psychotischen Krise befindet, geht natürlich auf die Hubbard'schen Begründungen zurück. Der Mensch funktioniert nicht wie gewünscht im System. Das macht schon die Beschreibung des Zwecks dieser Maßnahme deutlich.

Zweck des Introspektion-Rundowns ist es, die Dinge zu lokalisieren und zu korrigieren, die jemanden dazu bringen, seine Aufmerksamkeit nach innen zu fixieren, auf sich selbst ... Dieser Rundown orientiert die betreffenden Personen nach außen, sodass sie ihre Umwelt sehen und beherrschen und daher mit ihr umgehen können.

(Hubbard, L. Ron: »HCO Bulletin« 23.1.1974, bearbeitet am 25.4.1991)

Die Verantwortung für diesen lang andauernden Prüfungsprozess liegt bei den so genannten »Fallüberwachern«, die für diese schwierigen Fälle sensibilisiert werden:

Die Fallüberwachung und das Auditieren bei Psychos ist eine sehr präzise und sogar riskante Angelegenheit ... Sie befinden sich am niedrigsten Punkt auf der Wirkungsskala, sind daher empfindlich (bestenfalls) und leicht zu überwinden.

(Hubbard, L. Ron: »HCO Bulletin« 23.1.1974, bearbeitet 25.4.1991)

Der einmal als psychotisch eingestufte Mensch ist nicht mehr in der Gemeinschaft zu »heilen«:

Wenn sich jemand in einer psychotischen Krise befindet, muss man ihn isolieren, um ihn zu beruhigen und ihn und andere vor möglichem Schaden zu schützen.

Die Frage stellt sich, ob dieser »Rundown« nicht auch deswegen mit Anweisung zur Isolation entwickelt wurde, um auf gar keinen Fall zuzulassen, dass Menschen, die durch die scientologische Tretmühle psychische Auffälligkeiten zeigen, in die Außenwelt zu entlassen. Damit würde dokumentiert, welche Auswirkungen die scientologische Hirnwäsche haben kann. Hubbard bezeichnet diese Maßnahme als den endgültigen Durchbruch, die Existenz von Psychiatrie zu beheben.

Dass man sich mit dieser Behandlung am Rande bewegt, denn die Anweisung, Menschen zu isolieren, kann ja durchaus als Freiheitsberaubung gewertet werden, macht im Kursprogramm ein Absatz deutlich.

Wird jemand nach Abschluss der Bearbeitung einer psychotischen Krise aus der Isolierung entlassen, ist es üblich, ihn wieder willkommen zu heißen und verlorene ARK aus der Gruppe wieder herzustellen – falls erforderlich, mit einer Meldung in den Tagesbefehlen.

… Es würde formell mitgeteilt, dass der/die Betreffende gerne wieder aufgenommen worden sei und dass man ihm erlauben werde, angerichteten Schaden wiedergutzumachen, dass er aber nicht dazu gezwungen werde. Bei einem Personalangehörigen würde man eine Überstellung an das RPF erwarten – falls ein RPF dort existiert – und die Anweisung, Schaden gutzumachen.

(Hubbard, L. Ron: »HCO Bulletin« 23.1.1974, bearbeitet 25.4.1991)

An diesen Ausführungen wird einiges deutlich. Die wahrscheinlich von Hubbard einmal für die Sea-Org entwickelte Maßnahme des Introspektion-Rundowns (für diese These spricht das Datum des ersten Bulletins Hubbards) kann nun jeden treffen, der bei Scientology-Kursen aus Sicht der Organisation als psychotisch eingestuft wird. Die Aussage, wird jemand aus der Isolation entlassen, wirft die Frage auf: Gibt es Menschen, die nicht aus der Isolation entlassen werden können? Was passiert mit diesen? Werden sie alle irgendwann von Scientology ausgeschlossen?

Dass der Ausschluss aus der Organisation eine der Maßnahmen sein kann, die die Organisation von diesen sie doch belastenden Menschen befreit, wird in der wissenschaftlichen Studie der Bayerischen Landesregierung 2002 dokumentiert:

Fall 6 – Scientology

Der Befragte hat bei einer anderen Betroffenen während der Teilnahme an einer Veranstaltung der Organisation eine Erkrankung erlebt, die er als »Geisteskrankheit« beurteilte. Während eines Auditings sei eine Frau »durchgedreht« und nackt in der Stadt herumgelaufen. Die Anbieterorganisation gab als Diagnose, die Person sei »psychotisch«. Die Frau wurde in der Organisation »isoliert, gefesselt und zwangsgefüttert«. Mit ihr durfte nicht gesprochen werden. Die Betroffene war nicht in der Lage, sich selbst Hilfe zu verschaffen. Ihr wurde durch die Organisation abgeraten, medizinische Hilfe in Anspruch zu nehmen. Erst am vierten Tag sorgte die Anbieterorganisation selbst für medizinische Hilfe. Die Behandlung durch die Organisation hatte keine Auswirkungen auf den Gesundheitszustand.

Die Betroffene wurde schließlich wegen der Erkrankung aus der Anbieterorganisation bzw. von der Teilnahme an weiteren Kursen ausgeschlossen.

(Küfner, Heinrich; Nedopil, Norbert; Schöch, Heinz: »Gesundheitliche und rechtliche Risiken bei Scientology«. Lengerich, 2002, S. 131)

Die Scientology-Organisation würde Fragen nach Auswirkungen und betroffenen Personen sofort als aus dem Zusammenhang gerissene Interpretation bewerten und Schilderungen von Einzelfällen zurückweisen. Aber die Formulierung des Kursmaterials lässt ohne Zweifel die Frage zu, ob das Versagen der Kurse auf der Brücke die einzige Sanktion darstellt.

Da in der Anweisung zwischen Personalangehörigen und anderen unterschieden wird – und der in der Bayerischen Studie dokumentierte Fall belegt es –, kann diese Maßnahme nun also alle Frauen, Männer und Kinder überall in der Welt treffen, die sich von der nach außen dargestellten Welt der Befreiung von allen Problemen hineinlocken lassen.

Die Funktion von Prominenten
in und für Scientology

Wie tarnt man Teufelchen als Engelchen? Nun, man nimmt Götzen als Glamour, einen goldglitzernden Stern der Highsociety, einen Star, der beliebt, ja anbetungswürdig ist, und überträgt dessen Glorienschein auf Scientology.

(Caberta, Ursula; Träger, Gunther: »Scientology greift an«.
Düsseldorf, 1997, S. 121)

Prominente Zeitgenossen, darunter in erster Linie Musiker, Schauspieler und andere Künstler, genießen bei Scientology besondere Zuneigung – vorausgesetzt, sie sind linientreu. Extra für sie gibt es die »Celebrity Centers«, kurz »CC«. In ihrer weltumspannenden Gesamtheit bilden sie innerhalb der Scientology-Organisation eine eigene Einheit. Die »getarnten Engelchen« werden hier scientologisch betreut und begleitet. Auch hier klare Aufgabenzuweisung und Ansprüche an das Verhalten:

Das Celebrity Center ist dafür verantwortlich sicherzustellen, dass Prominente (Celebrities) in ihrem Machtbereich expandieren. Diese Organisation ist auch für die Grundausbildung einer prominenten Persönlichkeit in der Scientology verantwortlich.

(FO 2361, – Abk. CC)

Damit gilt für die scientologische Promi-Szene wie für alle anderen: Hubbards Richtlinien sind bindend. Den Machtbereich auszubauen heißt hier auch, mit Namen und Position in der Gesellschaft das Image der Organisation zu fördern, den möglichen Einfluss auf Kultur, Gesellschaft und Politik zu nutzen, um Scientology Türen zu öffnen. Eine solche Funktion wie im System Scientology ist in totalitär strukturierten Systemen immer beliebt gewesen.

Tom Cruise, John Travolta, Anne Archer, Chick Corea, Isaac Hayes, Kirstie Alley sind wohl die bekanntesten Mitglieder aus der Glamourworld Hollywood der Scientology Organisation. Den Machtbereich auszubauen heißt für diese Szene aber auch, möglichst in ihrem Freundes-, Kollegen- und Familienkreis zu werben oder mindestens dafür zu sorgen, dass diese der Organisation nicht kritisch gegenüberstehen. Die Hubbard-Anweisung mit dem Titel »Wie man seinen Freunden Scientology verkauft« dürfte auch diesem Personenkreis geläufig sein. Das Schneeballsystem von Kopf zu Kopf funktioniert auch in diesen Kreisen, denn auch dort wird es nicht weniger Schwachstellen bei den Personen geben, also scientologische Ruin-Points, als im Rest der Gesellschaft.

Einem John Travolta, einem Tom Cruise oder im deutschsprachigen Raum einem Maler Gottfried Helnwein fällt es eben leichter, Kontakt aufzunehmen und diesen zu pflegen mit Personen, die in der Gesellschaft Verantwortung tragen oder zumindest Einfluss auf Kultur und Politik haben. Prominente der Scientology erfüllen schon mit Kontakten ihren scientologischen Auftrag.

Erfahrungen damit, was es heißt, mit einem funktionierenden Scientology-Celebrity befreundet zu sein, hat das Ehepaar Victoria und David Beckham gemacht. Das britische Glamour-Paar würde die scientologische Promi-Szene sicherlich schmücken und ein internationaler Fußballstar öffnet in die Sportszene sicherlich Türen. Konnte man bisher der Presse entnehmen, dass vor allem David Beckham resistent und eher genervt war von den Anwerbeversuchen des Tom Cruise, verdichten sich nun die Gerüchte, dass er seinen Widerstand aufgegeben haben soll. Man kann vor allem für die Beckham-Kinder nur hoffen, dass wenigstens der Vater noch einmal die Notbremse zieht.

Gerade die Debatte um Tom Cruise und seine junge Frau Katie Holmes haben weltweit eher negative Schlagzeilen hinsichtlich der Zugehörigkeit des Stars zu Scientology gebracht. Im Internet nachzulesende Sätze wie »Sein gesamtes Umfeld sei genervt von Toms Kontrollzwang. Am meisten Sorgen muss man sich jedoch wohl um seine Ehefrau machen ...«, können den Verantwortlichen bei Scientology nicht wirklich gefallen. Da ist es doch hilfreich, wenn relativ zeitnah eine andere sehr prominente Person sich für Scientology ausspricht. »Jennifer Lopez verteidigt Scientology« war eine Schlagzeile Ende Januar 2007. Ihr Daddy sei seit 20 Jahren dabei, lässt sie verkünden und ebenfalls eine ihrer engsten Freundinnen. Sie selber gehöre nicht dazu, aber sie sei traurig, dass »die Leute« Scientology so negativ darstellen. Da kann doch die Führung des Systems gleich wieder lächeln. Eine so charmante Lobbyistin kann nicht überhört werden. Wird sie auch nicht, wie die Schlagzeile zeigt.

Die enge Freundin, von der Jennifer Lopez spricht, ist auch keine Unbekannte, jedenfalls nicht für diejenigen, die Fans der US-amerikanischen Serie »King of Queens« sind. Die Serie läuft als Dauerbrenner auch im deutschen Fernsehen. In Gastrollen ist auch schon mal andere Scientology-Prominenz zu sehen, wie zum Beispiel Kirstie Alley. Sie und die weibliche Hauptdarstellerin bei King of Queens, Leah Remini, wurden 2006 von der Organisation mit der Platin Meritorious Medaille ausgezeichnet. Laut Scientology gelten sie damit als »wahre Verfechter der Freiheit«.

Gerade Victoria Beckham hätte eventuell Gründe, sich nicht von Tom Cruise einfangen zu lassen. 1998 berichtet der STERN mit einem Foto von Ex-Spice-Girl Geri Halliwell, die durch Beverly Hills bummelt, unter dem Arm – unübersehbar – das Handbuch der Scientology-Organisation. Der Kommentar der Zeitschrift dazu: Die Sekte, der Stars wie John Travolta, Tom Cruise und Kirstie Alley angehören, gilt als sehr mächtig in Hollywood. Geri, die nach ihrem Ausstieg bei der Mädchenband mit ihrer angestrebten Karriere bisher wenig vorankommt, kann Hilfe gebrauchen. Mal sehen, ob die Botschaft ankommt. Diese kurze Notiz macht das deutlich, was sich viele immer wieder fragen, warum so »große« Namen dazugehören. Über Geri Halliwells Hollywood-Karriere ist wenig bekannt geworden, es hat vielleicht nichts gebracht, die Demonstration der Nähe zu Scientology.

Aber es gilt für alle Menschen, egal wo: Es wird angesetzt bei den menschlichsten Schwachstellen. Der Wunsch nach Ruhm in Hollywood oder anderswo kann ja schon der Einstieg sein, um sich in das Kurslabyrinth zu begeben.

Während der massiven gegen Deutschland gerichteten Kampagnen in den USA, die Scientologen würden wegen ihrer religiösen Überzeugung verfolgt, gab es eine Art offenen Brief an den damaligen Bundeskanzler Helmut Kohl, in dem die Empörung über diese »Diskriminierung« zum Ausdruck gebracht wurde. Unterschrieben hatten diesen Brief auch Stars aus Hollywood, die in der Vergangenheit nicht durch eine Nähe zur Organisation aufgefallen waren, wie Dustin Hoffmann oder auch der Regisseur Oliver Stone. Stone soll sich später von der Unterschrift distanziert haben. Wenn es so gewesen sein sollte, ist dieses natürlich nicht so breit in die internationale Öffentlichkeit gedrungen.

Der berühmte Name als Türöffner. Keinem scheint es im Namen der Scientology so gut gelungen zu sein wie Tom Cruise. Parallel zu den in internen Zeitschriften nach der Jahrtausendwende von der Scientology-Spitze verkündeten Plänen der Invasion in Europa, hat anscheinend Tom Cruise in den europäischen Ländern genau diese Türöffnerfunktion übernommen. 2006 ist ein Schriftwechsel bekannt geworden, in dem er sich beim US-amerikanischen Außenministerium dafür bedankt, dass ihm geholfen wurde, in Europa gegen die Diskriminierung seiner »Religion« über die US-Vertretungen etwas zu tun. Die in den europäischen Hauptstädten seit Anfang des Jahrhunderts eröffneten Zentralen, beginnend in der europäischen Hauptstadt, zeigen, dass Tom Cruise wohl in die gesamte Kampagne einbezogen war. In Madrid war er persönlich vor Ort. In Berlin, bei der Eröffnung Anfang 2007, hat man allerdings vergeblich auf ihn gehofft, aber sein medialer Werbeauftritt war ihm ja bereits vorher gelungen. Der regierende Bürgermeister hatte sich bei einem anderen Anlass und lange vor der Eröffnung des neuen Gebäudes strahlend neben ihm in der Öffentlichkeit präsentiert.

Es ist also nicht nötig, in die USA zu blicken, wenn es um die Vereinnahmung von Politikern in die Propagandamaschinerie der Scientology geht. In den 90er Jahren hat sich wohl eines der spektakulärsten Ereignisse dieser Art im deutschen Fernsehen abgespielt. In der Hochphase der politischen Auseinandersetzung mit der Organisation Scientology und anderen problematischen Gemeinschaften in Deutschland trat die damalige grüne Vizepräsidentin des Deutschen Bundestages, Frau Antje Vollmer, in der damals sehr beliebten Talk-Show von Alfred Biolek auf. Daran ist erst einmal nichts Besonderes, allerdings an ihrer Seite saß ein österreichischer Maler namens Gottfried Helnwein, von dem eigentlich schon lange bekannt war, dass er Mitglied der Scientology-Organisation ist. Wie auch immer. In dem Zeitraum, in dem diese Talkrunde zustande kam, war die Enquête-Kommission im Deutschen Bundestag etabliert worden, die sich mit dem Phänomen der so genannten Sekten und Psychogruppen zu befassen hatte. Zu dieser Zeit fand auch die Kampagne in den USA gegen Deutschland statt. Frau Vollmer, zu der Zeit eine der höchsten Repräsentantinnen der Bundesrepublik, ließ sich zu einer Äußerung herab, die den scientologischen Strategen der Scientology wunderbar in das Konzept gepasst haben muss. Der Maler Helnwein, dem das Oberlandesgericht Frankfurt/M. 1996 attestiert hatte, er sei Geistlicher der Scientology, ergeht sich in düsteren Ankündigungen, dass er in die USA auswandern wolle, da er sich in Deutschland diskriminiert fühle. Frau Vollmer war empört und zog einen historischen Vergleich:

Es kann nicht angehen, dass heute schon wieder deutsche Künstler nach Amerika fliehen müssen.

Unmissverständlich zieht sie eine Verbindung zur Vertreibung von Künstlern wie Thomas Mann, Bert Brecht oder Oskar Maria Graf aus Nazi-Deutschland. Genau das Horn, in das zeitgleich die Scientologen in den USA stießen. Besser ist wohl bisher die Strategie der Organisation im deutschen Fernsehen nie aufgegangen.

In den USA – in Hollywood – wird die Nähe wie selbstverständlich zelebriert. Da taucht der Hubbard-Nachfolger David Miscavige an der Seite von Tom Cruise bei der Oscar-Verleihung auf. Am jährlichen Fest der US-amerikanischen Kultur teilnehmen zu dürfen, das bedeutet einiges. Wer bei dieser Veranstaltung auftaucht, gar von den Kameras erfasst wird, und das dürfte an der Seite von Tom Cruise kein Problem sein, der kann sich im Licht der weltweiten Öffentlichkeit sonnen. In Hollywood scheint dieses für Scientology fast uneingeschränkt zu gelten. So dankte John Travolta anlässlich einer Preisverleihung ausdrücklich L. Ron Hubbard. Aber eben nicht nur dort. Bereits nach dem Tod von Hubbard 1986 unterschrieben viele Künstler auch in Deutschland eine Kondolenzanzeige in der FAZ – unter ihnen natürlich auch Gottfried Helnwein.

Aber selbst unbedeutendere Künstler, wie der Scientologe und Maler Pablo Röhrig in Hamburg, können sich mit Glamour umgeben. Herr Röhrig präsentiert durchaus gerne, auch in einem Bildband mit seinen Werken, den so beliebten Thomas Gottschalk, der auch gerne mal mit John Travolta auf seinem »Wetten-dass-Sofa« über den neuesten Film plaudert. Pablo Röhrig jedenfalls hat Bilder gemalt, von Thomas Gottschalk und dessen Frau. Im Bildband findet sich auch ein Foto des Gemäldes von der Sportlerin Katrin Krabbe. Es gibt keinerlei Anhaltspunkte, dass Thomas Gottschalk, dessen Frau oder Katrin Krabbe in einer Verbindung zu Scientology stehen oder auch nur wissen, dass Pablo Röhrig Scientologe ist. Die Wirkung solchen Schaffens darf man aber trotzdem nicht unterschätzen, denn die Betrachter dieser Bilder fragen sich unwillkürlich, wie ist es dazu gekommen, dass das Ehepaar Gottschalk sich von diesem Künstler malen ließ. Die Nähe zu prominenten Persönlichkeiten ist kein schlechter Anfang für Gespräche. Es macht den Maler interessant, und ein Hauch von Wichtigkeit kann ihn umgeben. So einen möchte man vielleicht näher kennen lernen. Kontakt herstellen, Gespräche führen, der Einstieg in das System für unbedarfte Kunstfreunde kann schnell gehen.

Abwehr von Hindernissen auf dem Weg zum endgültigen Ziel, Scientology in der Politik zu etablieren, scientologische Regierungen zu schaffen und gleichzeitig Organisation und die Ideologie werbewirksam unters Volk zu bringen, diese Strategie wird angewandt bei Kampagnen mit prominenter Hilfe weltweit. Die eigenen Leute dazu zu benutzen, ist der eine Teil, Lobbyisten zu produzieren der andere. Dazu gehört auch die Erkenntnis, dass man an der Presse nicht vorbeikommt. Auch das war bereits Hubbard klar, und so gelten zwar Journalisten »als nicht leicht handhabbar« aber durchaus als nutzbar für die eigenen Ziele. Bei jeder Gelegenheit, wie auch bei breiter kritischer Auseinandersetzung, werden alle Register gezogen. Mit allen Mitteln, die zur Verfügung stehen, soll verhindert werden, dass die Organisation schlechte Presse hat. Denn negative Berichterstattung nicht zu verhindern, ist ein Schwerverbrechen in Hubbards Gesetzbuch. Sieht es also schlecht aus für die Organisation oder kündigt sich auch nur Ungemach an, gilt Folgendes:

Im Angesicht einer Gefahr durch Regierungen oder Gerichte gibt es nur zwei Fehler, die man machen kann: a) nichts zu tun und b) sich zu verteidigen. Die richtigen Dinge, die zu tun sind, um jeglicher Bedrohung zu begegnen, sind:

(1) herausfinden, ob wir das Spiel, das angeboten wird, spielen wollen oder nicht;

(2) falls nicht, das angebotene Spiel mit einem Täuschungsmanöver oder einem Angriff auf den verwundbarsten Punkt, der in den Reihen des Feindes gefunden werden kann, zur Entgleisung zu bringen;

(3) genügend Drohungen und Getöse veranstalten, um dem Feind den Mut zu nehmen/ihn zum Zittern zu bringen

(4) ...

(5) jeden Angriff gegen uns auch zu nutzen, Scientology zu verkaufen und

(6) zu gewinnen.

(Zitiert in: Voltz, Tom: »Scientology und [k]ein Ende«.
Düsseldorf, 1995, S. 180)

Das ist die Vorgabe. Für die Umsetzung gilt Folgendes (und das sollten sich alle, die in Versuchung geraten, Prominente oder auch andere Mitglieder der Organisation als Menschen wie du und ich zu behandeln, immer vor Augen führen):

Aktionen:
Den Glauben und die Einstellung der Öffentlichkeit gegenüber Gesellschaften und Personen verschlechtern, die Ziele haben, die sich gegen diejenigen der Scientology richten …
Auf Regierungen konstanten Druck ausüben, um eine Pro-Scientology-Rechtsprechung zu erreichen und Anti-Scientology-Rechtsprechung von der Scientology feindlich gesinnten Gruppen zu verhindern …

Beschreibung:
Wenn wir den Zweck und die Handlungen dieses Postens betrachten, dann sollte sofort offensichtlich werden, dass wir hier, um einen alten politischen Ausdruck zu gebrauchen, tatsächlich das Äquivalent eines Ministeriums für Propaganda und Sicherheit haben …

Operation:
Obwohl diese Abteilung anscheinend (die Gruppe) als ihr Ziel hat, handhabt sie tatsächlich nichts anderes als INDIVIDUEN. Um dies zu erreichen, muss sie nur einzelne Menschen als Freunde und Verbündete gewinnen.
Zum Beispiel:
(a) Die Aktion, für bessere Presse zu sorgen, besteht darin, Freundschaft mit einem Herausgeber zu schließen …
(f) Die Aktion, eine Pro-Scientology-Regierung zu erreichen,

besteht darin, sich die höchstplatzierte Regierungsperson, an die man herankommt, zum Freund zu machen und in ihren privaten Haushalt oder in Büropositionen in ihrer Nähe Scientologen zu platzieren und dafür zu sorgen, dass Scientology ihre Sorgen und ihren Fall löst.

(g) Die Aktion, feindliche Gerüchte in der Öffentlichkeit zu reduzieren, besteht darin, sie hartnäckig zu der Person zurückzuverfolgen, die sie verbreitet, und diese Person direkt zu konfrontieren und sich deren direkter Opposition zu entledigen.

(Voltz, Tom: »Scientology und [k]ein Ende«. Düsseldorf, 1995, S. 181f.)

Das Entwickeln einer Lobbyistenkultur für den Sieg der Scientology. Die Prominenten der Organisation sollen die Türöffner sein, und sie sind es. Aber das Gewinnen von Verbündeten geht über einen Pressetermin auch weit hinaus. Einer der wohl aktivsten Lobbyisten ist, zumindest noch bis in das Jahr 2003, der ehemalige Chef des Hannah-Arendt-Institutes in Dresden gewesen. Sein Vertrag wurde, so verkündete die sächsische Staatsregierung im April 2007, nicht verlängert. Der Spiegel mutmaßt, einer der Gründe sei die zu starke Nähe zu Scientology. Die Berufung seinerseits war von Anfang an umstritten. Ausgerechnet ein Verharmloser der Scientology sitzt diesem Institut vor. Hannah Arendt, die entscheidende Frau in der Totalitarismusforschung. Sie hätte wohl keine besondere Freude an Herrn Gerhard Besier. Für Scientology natürlich ein Lobbyisten-Highlight, insbesondere wenn dieser Mann in dieser Funktion dann auch noch bei der Eröffnung der Scientology-Zentrale in der europäischen Hauptstadt im Jahr 2003 eine Art Will-kommensrede hielt. Das hat ja vorbildlich funktioniert mit der Strategie. Die sächsische Staatsregierung hätte eigent-lich wissen können, wen sie sich da an die Spitze des re-nommierten Institutes holt. Besier war schon in der Ver-gangenheit als Verharmloser aufgefallen. Unter anderem hat er mit anderen namhaften Personen wie Hans Apel und Erwin Scheuch 1998 eine Presseerklärung herausgegeben, in der die Arbeit der Enquête-Kommission des Deutschen Bundestages zu den so genannten Sekten und Psychogrup-pen kritisiert wird. Die Formulierung der Erklärung könn-te aus dem Lehrbuch für Gegenmaßnahmen bei kritischer staatlicher Befassung von Scientology stammen: »Beteiligt sich der deutsche Staat an der Diffamierung und Diskri-minierung von religiösen und weltanschaulichen Minder-heiten?« So die Fragestellung der Presseerklärung. Dass dieses mehreren der problematischen Gruppierungen in Deutschland gefallen hat, davon ist wohl auszugehen. Sci-entology jedenfalls gibt so eine öffentliche Stellungnahme die Möglichkeit, weltweit ihre Kampagnen gegen kritische Auseinandersetzung einzusetzen.

Der lange Weg zurück in die reale Welt

Die Aussteiger hatten überwiegend hochrangige Positionen innerhalb der SO (Scientology, d. Verf.) Führungsebene inne. Sie verfügten somit über nachweislich gute Zugangsmöglichkeiten, was die im Rahmen der SO geheim zu haltenden Informationen angehen. Ihre Aussagen decken sich in den entscheidenden Punkten völlig, obwohl sie in verschiedenen Ländern in verschiedenen Positionen innerhalb der SO tätig waren und ihre Erfahrungsberichte unabhängig voneinander abgaben. Sie stehen zudem im Einklang mit den aus einer umfassenden Auswertung der SO-Primärliteratur gewonnenen Erkenntnisse über die Verhältnisse innerhalb der SO. Für die Glaubwürdigkeit spricht darüber hinaus, dass die Ex-Scientologen ihre Erklärungen im Rahmen von Gerichtsverfahren in eidesstattlicher Form abgegeben haben.

Die SO konnte die Glaubwürdigkeit der Aussteiger nicht erschüttern. Zentrale Kritikpunkte wurden von der SO nicht bestritten. Vielmehr wendet die SO gegenüber den Aussteigern die scientologische Technik an, die Kritiker zu diffamieren und mit Gegenvorwürfen und Prozessen zu zermürben.

(Bayerisches Staatsministerium des Innern: »Der Verfassungsschutz informiert«. München, 1998, 32f.)

In kurzen Sätzen wird die Bedeutung für die Aufklärungsarbeit, aber auch für die Chancen, Gerichtsverfahren gegen die Organisation zu gewinnen, zusammengefasst. Der Weg, den die einzelnen Personen gegangen sind, um sich Behörden oder Presse mit ihren Kenntnissen, Erlebnissen und Erfahrungen zur Verfügung zu stellen, ist meistens sehr lang. Wie viele die Organisation verlassen oder es mindestens versuchen, ist nicht bekannt. Es ist davon auszugehen, dass die wenigsten den Weg zur Beratung nach dem Ausstieg suchen. Sie werden versuchen, irgendwie außerhalb des Systems klarzukommen. Das ist schwierig. Es ist sicherlich von Bedeutung, wer, wie, wo und vor allem wie lange sich jemand in der Organisation bewegt hat. Wie viel »Dosis« Scientology sozusagen verabreicht wurde. Damit ist jeder, der nach dem Weggang Hilfe sucht, ein für sich zu bewertender Einzelfall. Jeder und jede dieser Menschen hat neben den persönlichen Erfahrungen auch Kenntnisse über Zusammenhänge im System. Allerdings ist das System so angelegt, dass neben dem eigenen Weg zum Clear und OT das Gesamte selten gesehen wird. Das liegt vor allem wohl daran, dass selbst die Mitarbeiter nur das erfahren, was sie benötigen, um im System ihren »Posten« zu erfüllen. Es bedarf also verschiedener Personen aus unterschiedlichen Einheiten und Aufgabenfeldern, um zu realisieren, dass das interne Schrifttum auch in die Lebenswirklichkeit umgesetzt wird. Wie ein Mosaik zeichnen die Berichte der ehemaligen Anhänger und die Primärliteratur, wenn diese zur Verfügung steht, das Gesamtbild.

Der Weg hinaus ist immer steinig. Die verinnerlichte Lehre, Scientology als alleingültiger Weg mit der gleichzeitigen Dämonisierung der nichtscientologischen Welt und vor allen der Personen, die sich kritisch mit dem System auseinandersetzen, können selbst bei Zweifeln während der aktiven Zeit dazu führen, dass man lieber bleibt, als den Schritt in die so feindliche Welt zu wagen.

Der häufig vollzogene Bruch mit Angehörigen und Freunden wird die Skepsis wahrscheinlich bei vielen Zweiflern noch erhöhen. Außerdem ist jeder Zweifel schon ein scientologisches Verbrechen, man selbst diagnostiziert bei sich das scientologische Stigma der »potentiellen Schwierigkeitsquelle«. Darüber mit den scientologischen »Freunden« zu sprechen, ist ja auch nicht vorgesehen, denn weiß man, ob nicht sofort ein Wissensbericht über die Zweifel geschrieben wird. Die interne gegenseitige Kontrolle funktioniert. Denn auch derjenige, dem man sich anvertrauen möchte, wird in Mitleidenschaft gezogen. Er darf von Zweifeln nichts wissen, das hindert ihn wiederum am Fortkommen im System. Ein Teufelskreis, der sich im Kopf abspielt, denn durchgängig wird immer wieder im Kurssystem vermittelt, dass die Fehler nur bei einem selbst liegen, einen Fehler der Organisation kann es nicht geben. Daran wird es liegen, dass wohl alle, die sich lösen, mindestens in der ersten Phase nach dem Ausstieg starke Verratsgedanken oder -gefühle entwickeln.

Es ist verblüffend, welche trivialen Overts (Fehlhandlungen, d. Verf.) eine Person dazu bringt, abzuhauen. Ich erwischte einmal einen Mitarbeiter gerade noch, bevor er abhaute, und verfolgte die ursprüngliche Overt-Handlung gegen die Organisation auf

ein Versagen zurück, die Organisation zu verteidigen, als ein Verbrecher gemein über sie sprach. Zu diesem Versagen kamen immer mehr Overts und Withholds hinzu, wie zum Beispiel das Versäumnis, Mitteilungen weiterzuleiten, eine Arbeitszuweisung nicht zu erledigen, bis die Person schließlich völlig herunterkam und etwas Wertloses stahl. Dieser Diebstahl brachte die Person dazu, dass sie meinte, es sei besser zu gehen.

(Küfner, Heinrich; Nedopil, Norbert; Schöch, Heinz: »Gesundheitliche und rechtliche Risiken bei Scientology«. Lengerich, 2002, S. 349)

Um von vornherein etwaige spätere kritische Äußerungen über das Erlebte während der Zugehörigkeit zu diffamieren, wird vermittelt, dass dieses nur deswegen geschieht, um die eigenen Fehler, das eigene Versagen im Nachhinein zu rechtfertigen. Dass damit gleichzeitig eine Herabwürdigung der jeweiligen Person einhergeht, kann von den im System Verbleibenden nicht gesehen werden.

Bei Hubbard heißt es unter anderem dazu:

Um dieses Weggehen zu rechtfertigen, erträumt die weggehende Person Dinge, die ihr angetan wurden, in dem Bemühen, den Overt dadurch zu verkleinern, dass diejenigen herabgesetzt werden, denen er angetan wurde. Die daran beteiligten Mechaniken sind recht einfach.

(Küfner, Heinrich; Nedopil, Norbert; Schöch, Heinz: »Gesundheitliche und rechtliche Risiken bei Scientology«. Lengerich, 2002, S. 349)

Scientology selbst wird nicht müde, in der Öffentlichkeit zu behaupten, dass jede Person, die mit den Dienstleistungen nicht zufrieden ist, jederzeit gehen kann. Man gibt sich regelmäßig empört, wenn behauptet wird, dass der Weg behindert oder sogar unmöglich gemacht wird. Tatsächlich existiert ein formaler Weg hinaus nach den Vorgaben der Organisation. Der so genannte Free Loader Bill und das Procedere dazu sind vorgeschrieben:

> Bevor eine Person ihren letzten Gehaltsscheck von einer Organisation beziehen darf, die sie aus eigenem Entschluss verlässt, muss sie alle ihre Overts- und Withholds gegen die Organisation und dem mit der Organisation in Verbindung stehenden Personal aufschreiben, und diese müssen an einem E-Meter überprüft werden.
>
> (Küfner, Heinrich; Nedopil, Norbert; Schöch, Heinz: »Gesundheitliche und rechtliche Risiken bei Scientology«. Lengerich, 2002, S. 349)

Also ein umfassendes Befragungsritual, das der Organisation die Möglichkeit gibt, während dieses Verfahrens weiter Einfluss zu nehmen. Allerdings erfährt man bei dieser Gelegenheit auch noch einiges über die Person und möglicherweise über andere im System. Wer also im »guten Einvernehmen«, wie es so schön scientologisch heißt, gehen will, muss sich ein letztes Mal dem System gegenüber völlig offenbaren. Dieses gibt natürlich auch die Möglichkeit, noch einmal an die vergangenen Zeiten anzuknüpfen und denjenigen doch wieder an sich zu binden. Außerdem wird die Verantwortung dafür, dass jemand die Organisation verlassen will, allen anderen mitgegeben und diese – sollte es nicht gelingen, die Person zu halten – auch für eventuell später auftretende Probleme, die durch den Weggang eintreten können, verantwortlich gemacht. Wer sich nicht daran hält, begeht eine scientologische Straftat. Nicht nur das, es gilt als Schwerverbrechen, keine Mitteilung über solche Entwicklungen zu machen:

> Mitarbeiter-Kollegen und andere sind darüber zu informieren, dass man die Belegschaft verlässt. Wo eine Person heimlich plant, wegzugehen und private Vorbereitungen dafür trifft, ohne die korrekten Terminal der Organisation zu informieren und tatsächlich weggeht (abhaut) und nicht innerhalb einer vernünftigen Zeitspanne zurückkommt, muss automatisch eine Erklärung zur unterdrückerischen Person herausgegeben werden. Sollte sich herausstellen, dass als Folge davon irgendwelche Gelder oder irgendwelches Eigentum der Organisation fehlen, müssen Handlungen hinsichtlich einer Strafanzeige unternommen werden.
>
> (Küfner, Heinrich; Nedopil, Norbert; Schöch, Heinz: »Gesundheitliche und rechtliche Risiken bei Scientology«. Lengerich, 2002, S. 350)

Verbunden mit den Versagensdrohungen wird bei dieser Gelegenheit auch noch einmal intensiv vermittelt, dass allen denjenigen, die gehen, Schreckliches bevorsteht. Dieses ist dann auch die Botschaft und Warnung an die anderen, die sich vielleicht von ähnlichen Gefühlen und Ideen verleiten lassen wollen.

> Die Person bringt sich mit ihren eigenen Overts und Withholds zum Abhauen ... Indem wir das Weglaufen erlauben, ohne es zu klären, degradieren wir Leute, denn ich versichere Ihnen, und mit etwas Betrübnis, dass Leute sich nicht oft von Overts gegen Scientology, ihren Organisationen und damit in Verbindung

stehenden Leuten erholt haben. Sie erholen sich nicht, denn sie wissen in ihrem Herzen, selbst während sie lügen, dass sie Leuten Unrecht zufügen, die enorm viel Gutes in der Welt getan haben und tun und die definitiv keine schriftlichen oder mündlichen Verleumdungen verdienen. Im wahrsten Sinne des Wortes bringt es sie um, und wenn Sie es nicht glauben, kann ich Ihnen die lange Liste von Todesfällen zeigen.

(Küfner, Heinrich; Nedopil, Norbert; Schöch, Heinz: »Gesundheitliche und rechtliche Risiken bei Scientology«. Lengerich, 2002, S. 350)

Wie viele es gibt, die nach dieser Prozedur von ihrem Vorhaben, die Organisation zu verlassen, absehen, wird nicht bekannt. Aber die Gefahr, dass die Vermittlung, es komme auf jeden Einzelnen an im Kampf um die Rettung des menschlichen Daseins und die einzig wahre Erkenntnis der Scientology ein »Clear« sei, ist praktisch eine neue Evolutionsstufe mit unbegrenzten Möglichkeiten. Auch das dürfte bei der eventuellen Überlegung, doch lieber im System zu bleiben, eine Rolle spielen. Das Dabeisein verspricht quasi Immunität bei diversen Krankheiten. Die verinnerlichten Ideen, sich selbst dann wegen Verratsgedanken als ewig geisteskrank sehen zu müssen, kann ein Übriges bewirken. Wer auch das übersteht und bei seinem Entschluss bleibt, sieht sich dann außerhalb des Systems damit konfrontiert, dass das in der Regel nur noch aus Mitgliedern der Organisation bestehende persönliche Umfeld zusammenbricht. Einmal stigmatisiert als vom rechten Weg abgekommener Mensch, dürfen die im System Verbleibenden keinen Kontakt mehr zu ihm haben. Die Gefahr, als potentielle Schwierigkeitsquelle intern eingestuft zu werden oder un-

terstellt zu bekommen, ein Schwerverbrechen begangen zu
haben, weil man in der gemeinsamen aktiven Zeit zusam-
mengearbeitet hat und nicht gemerkt hat, dass derjenige
gehen will (und deshalb natürlich auch keine Mitteilungen an die »korrekten Terminal« schreiben konnte), wird
viele davon abhalten, Kontakte zu pflegen. Die Erfahrung
zeigt, dass so manchem Scientologen erst in einer solchen
Situation deutlich wird, wie einschränkend für die eigene
Freiheit Scientology ist.

Dieses gilt für diejenigen, die gegangen sind, aber auch
für diejenigen, die bleiben. Die Vehemenz der Vermittlung,
bei Austrittswilligen eingreifen zu müssen, lässt die Annahme zu (diese hat sich auch in Beratungssituationen hin
und wieder bestätigt), dass ein Austritt eine Art Sog bewirken kann und andere demjenigen folgen. Dagegen gilt es,
Mechanismen einzubauen. Demzufolge spielen Angst und
Verunsicherung eigentlich immer mit bei dem Weg hinaus
in die ganz fremd gewordene reale Welt.

Die Komponenten des Systems machen das Leben nun
schwierig. Im Wesentlichen sind es folgende, die geprägt
haben und nun vergessen werden müssen:

Die Gruppe als geschlossene Einheit, in der die immer
wieder von jedem Einzelnen verkündete Euphorie über das
Erreichte, den jeweils anderen anspornen, ähnlich erfolgreich
zu werden und wenn möglich das vorgegebene Programm-
ziel, sei es das persönliche oder für die gesamte Gruppe, vor
anderen vertretbar erreichen zu müssen. Dieses erhöht die
Anstrengungen. Es vermittelt das Gefühl von Erfolg, was
durch die Bestätigungen in der Gruppe bei den geradezu
ritualisierten Treffen mit Verleihung einer Art von Urkun-

de über den Abschluss von Kursen oder Belobigungen bei Einsatz von Kampagnen erzeugt wird. Durch die Isolation in Form der Abkapselung nach außen erhöht sich das Gruppengefühl. Insbesondere die Vermittlung, dass es Merkmale gibt, die die Scientology als Gesamtheit von anderen Personen und Gruppen unterscheiden, verfestigt diese Wahrnehmung und gleichzeitig die Abschottung zu den nicht dazu gehörenden Personen. Hier spielt wohl vor allem die für Außenstehende nicht nachvollziehbare Sprache eine wesentliche Rolle. Die Kommunikation nach außen ist nicht nur schwieriger, sondern in vielen Fällen erst einmal unmöglich.

Mit der Bindung nach innen verfestigt sich gleichzeitig das Feindbild. Zu dieser Gruppe zu gehören, rechtfertigt die Methoden, sich gegen die »Feinde« zu wehren. Das gilt dann auch für jeden Einzelnen:

> Die klare Trennung zwischen den »guten Scientologen« und den »verdammungswürdigen Unwissenden« lassen Mitgliedern keinen Verhaltensspielraum.
>
> (Minhoff, Christoph; Müller, Martina: »Scientology. Irrgarten der Illusionen«. Berlin, 1998, S. 122)

Die häufig völlig unverständliche Bereitschaft, sich den Verhaltenskontrollen ohne Widerspruch zu unterziehen (Ethik-Offiziere etc.) wird einerseits mit der Angst vor den Sanktionen zu erklären sein, aber andererseits auch mit der verinnerlichten, für den Einzelnen wahrscheinlich durchaus logischen Erklärung, dass dieses alles sein muss, um die Expansion der Gemeinschaft in der Welt, die alles und jeden retten kann, nicht zu gefährden.

Außerdem hat man – der eine früher, der andere später – sein nichtscientologisches Alltagsleben dramatisch verändert. Das Leben in und für Scientology ist der Maßstab. Alte Freunde oder Bekannte, in vielen Fällen auch die Familie, der Arbeitsplatz, Hobbys, aber auch das Denken in finanziellen Sicherheiten wird zugunsten des Lebens in der Organisation teilweise oder ganz aufgegeben.

Solche Lebenssituationen lassen Kritik an verinnerlichter Lehre und Organisation nicht zu. Von objektiver Beurteilung des eigenen Lebens gibt es keine Spur mehr.

> Dieses deshalb, weil es der Person nicht mehr möglich ist, den Grund dafür – sprich Scientology – ohne psychische Folgen in Zweifel zu ziehen (ein Tatbestand, über den der Einzelne sich nicht »bewusst« ist). »Beweisführungen« von Angehörigen mögen zwar kognitive Dissonanzen erzeugen, diese werden jedoch derart reduziert, dass Scientology im Überzeugungsgefüge des Betroffenen möglichst wenig Schrammen erhält.
> Dieser Mechanismus wirkt so elementar, dass selbst so genannte Aussteiger, die die »Beweise« gegen die Organisation (= Dissonanz) akzeptiert und ihr den Rücken gekehrt haben, oftmals immer noch an Hubbards Lehren glauben.
>
> (Minhoff, Christoph; Müller, Martina: »Scientology. Irrgarten der Illusionen«. Berlin, 1998, S. 123)

Man verlässt diese Organisation also nicht einfach wie einen Kegelclub oder eine andere Gemeinschaft und macht nach dem Abenteuer bei der Hubbard-Truppe da wieder weiter, wo man vorher aufgehört hat. Die Füße sind raus, der Kopf braucht noch eine Weile. Der ehemalige Scientologe Norbert Potthoff vertritt die Auffassung, dass jemand die Jahre, die er innerhalb des Systems verbracht hat, außerhalb auch wieder braucht, um nicht mehr scientologisch zu funktionieren. Ob diese These für alle stimmt, ist vielleicht anzuzweifeln, da jeder doch bei aller Gleichschaltung auch einen »eigenen« Weg gegangen ist. Allerdings macht sich vor allem deutlich, dass es Zeit braucht, nicht mehr die scientologische Sprache zu sprechen. Auch die Verinnerlichung der Ton-Skala, nach der Menschen einzuteilen sind, scheinen viele ehemalige Scientologen länger zu beherrschen, als sie und vor allem auch ihr Umfeld für möglich gehalten haben. Das Knüpfen von sozialen neuen Beziehungen wird schwer, wenn man bei Begegnungen gleich im Kopf hat, ob jemand auf der Skala eventuell unter 1,1 – also versteckt feindselig – einzustufen ist.

Neben diesen nicht zu unterschätzenden emotionalen Schwierigkeiten kommt hinzu, dass die meisten sich in einer desolaten finanziellen Situation befinden. Ob als Subunternehmer bei einem WISE-Betrieb oder als hauptamtlicher Mitarbeiter in einer der anderen Scientology-Einheiten: Geld ist knapp, denn die Bezahlung im System war nicht dazu gedacht, etwas zu sparen. Schulden sind nach dem Ausstieg an der Tagesordnung. Es kann dann auch noch passieren, dass von der Organisation Rechnungen geschickt werden, dass man nicht für alle »Dienste« bezahlt hat. Diese Gegenrechnungen werden besonders gerne gestellt, wenn der Ausgestiegene der Auffassung ist, ihm stehe aus seiner Zeit bei der Organisation noch Geld zu.

Es gab jemanden, der in Deutschland für seine Tätigkeit in Scientology Gehalt eingeklagt hat und damit gleich Rechtsgeschichte schrieb. Bis zum Bundesarbeitsgericht ging die juristische Auseinandersetzung. Scientology spricht nach außen ungern von »Mitarbeitern«, logisch, der Begriff impliziert das Recht auf Bezahlung der Arbeit. Nach deren Darstellung außerhalb des Systems handelt es sich um »ehrenamtliche Tätigkeit«, und die Organisation sorgt sich um das leibliche Wohl. Das Bundesarbeitsgericht sah das 1995 allerdings anders. Danach ist die Tätigkeit als hauptamtlicher Mitarbeiter eines Vereins der Scientology in Deutschland eine zu bezahlende Arbeit. Dass in diesem Beschluss das höchste Arbeitsgericht der Organisation auch noch ins Stammbuch geschrieben hat, dass sie für sich nicht den Schutz des Artikels 4 des Grundgesetzes in Verbindung mit den Artikeln 137 bis 140 in Anspruch nehmen kann (also es sich nicht um eine wie auch immer geartete Religions- oder Weltanschauungsgemeinschaft handelt), macht die Entscheidung für die Organisation doppelt unangenehm. Das ehemalige Mitglied bekam nach dieser höchstrichterlichen Entscheidung dann vom zuständigen Arbeitsgericht Lohn zugesprochen. Die Hoffnung, die viele hatten, dass nach dieser Grundsatzentscheidung viele andere Aussteiger auch diesen Weg gehen würden, trog allerdings. Dieses liegt vor allem daran, dass der Weg bis zu einer Entscheidung, die Organisation zu verklagen, sehr lang ist. Außerdem muss man sich für diesen Weg dazu entschließen, Rat und Hilfe bei Beratungsstellen zu suchen, die in der aktiven Zeit als Feindesland dämonisiert wurden. Im Kopf muss man sich schon von vielem verabschiedet haben, um dem Beispiel zu folgen.

Zurückzukehren in den vielleicht einmal erlernten Beruf ist für viele ebenso schwierig. Meistens hat sich eine Menge verändert, und in Bewerbungsunterlagen als letzten ausgeübten Beruf eventuell »Fallüberwacher« oder »Auditor« in einer Scientology-Einheit gewesen zu sein, wird die Vermittlungschancen wahrscheinlich nicht erhöhen. Relativ gut gelingt es den ehemaligen Scientologen, wieder Fuß zu fassen, die schnell in der Lage sind, die scientologische Vergangenheit als Irrweg zu akzeptieren und zu erkennen, dass sie für das System zum Funktionieren gebracht wurden, und eine Distanz zu entwickeln. Diese Menschen können leichter zurück in die reale Welt und sind auch in der Lage, Hilfsangebote anzunehmen, sei es von vorscientologischer Zeit wieder auftauchenden Freunden oder Verwandten oder auch von Beratungsinstitutionen oder dem Staat.

Am schwersten haben es diejenigen, die als Kinder oder Jugendliche durch ihre Eltern zu Scientologen wurden. In der Regel ohne jeglichen Schulabschluss und durch die scientologischen Erziehungsmaßnahmen geprägt, scheinen sie immer auf der Suche nach familiärer Nähe und nach Wärme und haben es besonders schwer, wenn sie ihre scientologischen Eltern, manchmal sogar die Großeltern im System zurücklassen. Denn sie betreten eine völlig neue Welt, die ihnen häufig genug auch noch mit großer Skepsis entgegentritt, denn ihr Verhalten ist – wie kann es auch anders sein – scientologisch bestimmt und das kann massive Irritationen hervorrufen. Aber auch für sie gibt es einen Weg außerhalb des Systems, mit Hilfe von nichtscientologischen Teilen der Familie, wenn es diese gibt, viel Zuwendung und manchmal auch mit notwendiger therapeutischer Hilfe.

Im Gegensatz zu den Erwachsenen haben Kinder und Jugendliche durchaus auch eine größere Chance, wenn sie in der Lage sind, die Angebote der Außenwelt anzunehmen, einen Schulabschluss und eine Ausbildung zu beginnen. Dieses können stabilisierende Wege sein, ein ohne Einfluss der Organisation gestaltetes Leben zu führen. Aus Beratungssituationen mit den in der Organisation aufgewachsenen Ehemaligen wird allerdings bisher eines immer wieder deutlich: Die Sehnsucht nach der verlorenen Kindheit kann kein Schulabschluss und keine berufliche Perspektive stillen.

Die juristische und politische Diskussion

Es gab seit Entstehen der Organisation keine Zeit, in der sie nicht in der Kritik stand. Die Auseinandersetzungen machen sich bis heute an denselben Punkten fest. Allerdings sind Bewertung und Schlussfolgerungen in den bald 60 Jahren der Existenz unterschiedlich. Beginnend in den 50er Jahren in den USA über Diskussionen im Parlament mit eindeutigen Aussagen zur Gefährlichkeit der Praktiken in Australien über die Diskussion in Großbritannien, die vor allem in einem umfangreichen Bericht des britischen Unterhauses Anfang der 70er Jahre dokumentiert ist, bis zu den Diskussionen im französischen Parlament und natürlich der Diskussion in der Bundesrepublik Deutschland sind die Feststellungen erschreckend identisch.

»Der Krieg ist vorbei«, verkündete Hubbard-Nachfolger und Boss der Organisation, David Miscavige, Anfang der 90er Jahre. Das Scientology-Volk jubelte, endlich hatte die US-amerikanische Steuerbehörde die Organisation als steuerbefreit anerkannt. Selbstverständlich wurde dieses nicht als »Steuerbefreiung« von der Organisation benannt, sondern als Anerkennung der Religionsgemeinschaft. Damit hat diese Entscheidung allerdings eher wenig zu tun. Als gemeinnützig anerkannt zu werden, ist in den USA eigentlich nicht schwierig, viele – auch gerade sich religiös gebende Gruppen – haben diesen Status. Für Hubbard, seine Nachfolger und damit seine Organisation hat das lange gedauert. Und diese Entscheidung ist vorläufig ergangen. Von einer endgültigen dauerhaften Steuerbefreiung ist bisher nichts bekannt geworden. Bekannt geworden sind allerdings die Schwierigkeiten und auch die Gründe dafür, die die Organisation jahrzehntelang in den USA hatte. Die Aufgabe, den gemeinnützigen Status zu erhalten, hatte innerhalb des Systems der Vorläufer des Office of Special Affairs (OSA), das Guardian Office (GO), also der Geheimdienst. In den 70er Jahren war die Chefin des Geheimdienstes die damalige Ehefrau von L. Ron Hubbard, Mary Sue. Der angestrebte Status der Gemeinnützigkeit hatte eine hohe Bedeutung, wie ein Schreiben von Mary Sue Hubbard an die Vertreterin des Guardian Office am 27. Mai 1975 schrieb.

Unsere genaue Strategie mit der IRS (US-amerikanische Steuerbehörde, d. Verf.) wird Folgende sein:

1. sich jeder Methode bedienen, mit der wir die Schlacht um den gemeinnützigen Status gewinnen können.

2. Wir haben alle Zeit auch über Jahre ... Wir arbeiten, um zu gewinnen, aber auch um Zeit zu gewinnen, die für uns arbeitet, nicht für sie.

Entsprechend dieser Marschrichtung ist man dann auch vorgegangen. Man hatte Zeit. Rückschläge gab es immer wieder. So hatte das Internal Revenue Service (IRS), die US-amerikanische Steuerbehörde, der Organisation bereits 1957 einmal den Gemeinnützigkeitsstatus verliehen, also die Steuerbefreiung gewährt. Dieses Glück dauerte allerdings nur zehn Jahre, dann wurde genau diese Steuerbefreiung wieder aufgehoben. Danach wird das »Snow White«-Programm entwickelt. Die Anweisung, alle Methoden anzuwenden, werden umgesetzt und das nicht ohne Folgen. 1977 schlägt das feindliche Imperium zurück. Das FBI durchsucht das Hauptquartier der Scientologen in Washington D. C. und in Los Angeles und beschlagnahmt belastendes Material. Dieses reicht, um hochrangig verantwortliche Mitglieder, darunter auch Mary Sue Hubbard, wegen Verschwörung zu verurteilen und ins Gefängnis zu schicken. Dieses ist dann auch der Moment, wegen der schlechten Presse das Guardian Office umzubenennen in das Office of Special Affairs (OSA). Offiziell gilt das Jahr 1983 als Auflösungsjahr des GO und der Etablierung der OSA. Wegen der schlechten Presse aufgelöst, heißt nicht, dass sich an den Vorgaben etwas geändert hätte. Dass dieses so ist, wird u. a. durch ehemalige Anhänger aus den USA bekannt. 1984 wird die Nationale Vereinigung der »IRS Whistle-blowers« gegründet. Ziel dieser Gerüchteabteilung von Scientology ist es, die Glaubwürdigkeit des US-amerikanischen Finanzministeriums zu untergraben, es folgt die Einstellung von privaten Ermittlern, um das persönliche Umfeld leitender Angestellter des Finanzministeriums zu untersuchen. Dieses soll nach Angaben des Landesamtes für Verfassungsschutz ab Sommer 1989 geschehen sein. Diese Aktionen sind anscheinend von Erfolg gekrönt, denn im August 1993 kommt es zu einer geheimen Vereinbarung zwischen Finanzministerium und Scientology, die die Steuerbefreiung beinhaltet. Das Ziel ist erreicht, mit welchen Mitteln, wird nicht bekannt, und der

Boss von Scientology kann triumphieren. Nicht nur in Europa wurde diese Kehrtwende der Einschätzung der Organisation durch die US-amerikanische Behörde mit Befremden zur Kenntnis genommen. Auch in den Medien der USA kam die Überraschung darüber zum Ausdruck. Die New York Times berichtet 1997 in einem Artikel ausführlich und formuliert auch, dass selbst ein Urteil des US-Berufungsgerichtes 1992, welches die ursprüngliche Entscheidung der Steuerbehörde, der Organisation die Steuerbefreiung zu verweigern, zu Recht erfolgt ist, mit der Begründung, die Einschätzung der Behörde, es handele sich bei Scientology um eine Organisation mit kommerziellem Interesse, den Lauf der Verhandlungen nicht mehr aufhalten konnte. Ebenso die von der Scientology-Organisation bestimmt als Störfeuer eingeschätzte Titelstory des Time-Magazins 1991 mit der Überschrift »Scientology – Kult der Habgier« hat die Verhandlungen nicht beeindruckt. Der Prozess um diese Story dauerte zehn Jahre. Letztendlich wurde dem Time-Magazin vom US-Gericht bestätigt, dass der Artikel ihres Journalisten nicht mutwillig rufschädigend gewesen sei. Vielleicht ist ja die Entwicklung zur Steuerbefreiung in den USA unter den Satz zu stellen, der auch Streitpunkt der gerichtlichen Auseinandersetzungen war, denn dort war zu lesen, dass die »Kirche« als »eine riesige gewinnbringende globale Gaunerei, die durch Einschüchterung ihrer Mitglieder und Kritiker in Mafia-Manier überlebt«.

Wie auch immer diese Entscheidung zustande kam, seitdem wirkt die Scientology-Propaganda, sie sei in den USA als Religion anerkannt, in alle politischen oder gerichtlichen Auseinandersetzungen.

Die »Vereinbarung« enthält jedoch in keinem ihrer Abschnitte den Hinweis, dass Scientology eine Religion ist, es wird immer nur von der Steuerbefreiung für eine gemeinnützige Organisation gemäß den Steuergesetzen der Vereinigten Staaten gesprochen ... In den USA ist dem Staat untersagt zu entscheiden, was eine Kirche/Religion ist und was nicht.

(Landesamt für Verfassungsschutz Baden-Württemberg [Hrsg.]: »Der Kampf der Scientology-Organisation um die Anerkennung der Gemeinnützigkeit in den USA und seine Auswirkungen auf Deutschland«. Stuttgart, 2004, S. 36)

Aber wer liest schon die gesamte Vereinbarung, und Verfassungsrechtler ist ja auch nicht jeder. Das Resultat ist festzustellen: Die Desinformation der Organisation läuft, überall. Vor allem auch in den USA hat es anscheinend im politischen Raum zu solidarisierendem Verhalten gewirkt. Hinterfragt, so hat man den Eindruck, wird nicht mehr, und es scheint geradezu alles vergessen zu sein, was in der Zeit vor dieser Entscheidung in Berichten und in Gerichtsurteilen in den USA dokumentiert wurde.

Die Auswirkungen im politischen Raum waren dann doch überraschend schnell zu spüren. Kurze Zeit nach der Entscheidung der Steuerbehörde veröffentlicht das US-Außenministerium seinen Menschenrechtsbericht, und hier taucht dann erstmalig der Vorwurf auf, die Mitglieder der Scientology-Organisation würden in Deutschland diskriminiert. Seitdem finden sich diese Vorwürfe in unterschiedlicher Schärfe wieder. Die Anweisungen Hubbards, auch staatliche Institutionen zu nutzen, um Kritik und Kritiker möglichst zum Schweigen zu bringen, können über verschiedene politische Institutionen in den USA durchaus als umgesetzt gelten. Die sorgenvollen Stimmen aus den USA in Richtung Deutschland sind dokumentiert:

> Besorgniserregend ist, dass der Vorsitzende des Auswärtigen Ausschusses des Repräsentantenhauses, Benjamin Gilmann, zu denjenigen gehört, die die im Oktober 1997 abgelehnte Resolution (es handelte sich um eine Resolution, die sich gegen die Bundesrepublik Deutschland richtete, d. Verf.) unterstützen. Offenbar ist die Versuchung vieler Abgeordneter doch größer als angenommen, auf den manipulativen Umgang der Church of Scientology mit der deutschen Geschichte und den tatsächlichen politischen und rechtlichen Verhältnissen in Deutschland zustimmend zu reagieren. Es ist absehbar, dass die Church of Scientology in der nächsten Runde der Auseinandersetzung ihre Public-Relations-Kampagne wieder zu verstärken versuchen wird. Ihr stehen dabei beachtliche Kräfte zur Verfügung: Schauspieler, Politiker, ein nach wie vor latent kritisches Deutschlandbild in großen Teilen der amerikanischen Medien, smarte Rechtsanwälte und Public-Relations-Spezialisten sowie Geld, und zwar sehr viel Geld. Ob und in welchem Maße dabei Geld der Church of Scientology in die Politik Eingang findet, ist schwer nachzuweisen. Möglicherweise lohnt es sich jedoch, dieser Spur nachzugehen.
>
> (Vermerk des Direktors der Friedrich-Ebert-Stiftung, zitiert in: Kruchem, Thomas: »Staatsfeind Scientology?«. München, 1999, S. 425)

Wie in den USA kurz nach Entstehen der ersten Dianetik- und Scientology-Einrichtungen, gab es auch Europa sehr schnell Auseinandersetzungen mit Behörden und natürlich vor den Gerichten. Da England von Beginn an von Hubbard mit ausersehen war, zu einem Zentrum seiner Organisation zu werden, ist es logisch, dass auch dort die Konflikte nicht lange auf sich warten ließen. Auch in der Bundesrepublik kam es vergleichsweise schnell zu politischen Reaktionen. Die auf die nachfolgend geschilderten Ereignisse gerichtlichen Auseinandersetzungen endeten Anfang der 80er Jahre. Wie immer dauern solche Gerichtsverfahren länger und länger, das liegt unter anderem im Wesentlichen an den taktischen Spielen der Rechtsanwälte der Scientology-Organisation, denn gegen die Organisation gerichtete Urteile sollen nicht vorkommen. Nicht immer – wie die Erfahrung zeigt – sind die verschiedenen Gerichte und Instanzen in der Lage, sich mit den Manövern auseinanderzusetzen. Anders lief es bei diesem Verfahren, das sich zwar lange hinzog, aber in der Bewertung dann doch relativ eindeutig ausfiel:

Hintergrund war ein Erlass des damaligen Bundesinnenministers, der 1972 (!) das Bundeskriminalamt (BKA) beauftragte, vorhandene Erkenntnisse über die Scientology-Organisation mitzuteilen. In diesen Zeitraum fallen die ersten Schritte der Organisation auf bundesrepublikanischem Boden, die ersten Vereine waren gegründet, und eigentlich befand man sich von Seiten der Scientology noch in den Kinderschuhen. Aber irgendwie aufgefallen müssen sie ja schon sein, sonst wäre es wohl zu diesem Erlass des Bundesministers des Innern nicht gekommen. Das Bundeskriminalamt verfügte noch über keine nennenswerten Erkenntnisse, und so stützte sich der Bericht an den obersten Dienstherrn auf Erkenntnisse, die man über Interpol erhalten hatte. Diese wiederum waren einem Bericht aus 1969 von New Scotland Yard entnommen. Was das Bundeskriminalamt zu berichten hatte, ist das, was auch heute immer noch zu einem wesentlichen Teil die Vorwürfe an die Organisation ausmacht:

> Die Tätigkeit der Organisation besteht in einer psychologischen Amateur-Analyse des Menschen, was als eine Art Gehirnwäsche bezeichnet werden kann … Für gewöhnlich stellt der Auditor stehend an den Lernenden stundenlang immer wieder ein bis drei Fragen. Der Geist des Lernenden wird dadurch schließlich verwirrt … Dagegen ist bekannt, dass es keinem »scientologist« … gestattet ist, einen Arzt aufzusuchen, es sei denn, dass eine chirurgische Behandlung dringend erforderlich ist. Aber auch dann muss die Genehmigung eines Ethikers eingeholt werden, der nichts anderes als ein Sicherheitsbeauftragter der Organisation ist.
>
> (Oberlandesgericht München I U 1273/81, Urteil vom 28.1.1982, S. 5)

Damit aber nicht genug, der Bericht aus Großbritannien geht noch weiter, so dass man sich wohl berechtigt die Frage stellen kann, wieso heute eines der Europazentren in der Nähe von London liegt. In dem den deutschen Behörden übermittelten Bericht ist nämlich weiter zu lesen:

> Die Regierung (d. britische, d. Verf.) ist jedoch zu dem Schluss gekommen, dass diese Bewegung so anstößig ist, dass alles, was in ihrer Macht steht, getan werden muss, um ein weiteres Anwachsen der Bewegung einzudämmen. Es wird vermutet,

dass Angehörige der Bewegung Straftaten (Betrug, schwere Körperverletzung und Erpressung) begangen haben. Es ist bekannt, dass sich einige Mitglieder der Organisation mit anderen zusammengetan haben, um unschuldige Leute in kriminelle Angelegenheiten zu verwickeln und um sie fälschlicherweise eines Verbrechen zu bezichtigen.

(Oberlandesgericht München I U 1273/81, Urteil vom 28.1.1982, S 8)

Klar, dass die Weitergabe dieses Berichtes an andere Stellen in der Bundesrepublik Deutschland verhindert werden sollte. Die Verfahren dazu dauerten und beschäftigten die oberen Gerichte in Deutschland. 1982 verlor die Organisation das Verfahren, aber ein Ziel war erreicht: Zu diesem Zeitpunkt interessierte sich nur noch eine Minderheit für dieses langwierige Verfahren, und die Organisation war inzwischen in der Bundesrepublik angekommen und hatte deutsche Anhänger gewonnen, die natürlich nichts über die Vorwürfe von Interpol und dem Bericht an den Innenminister wussten.

Die weiteren Auseinandersetzungen lassen allerdings nicht lange auf sich warten, in München wird die nächste Schlacht geschlagen. Hier wiederholt sich, was bereits im Bericht an den Bundesinnenminister steht, die Kritiker der Organisation werden diffamiert, angezeigt, sie sollen zum Schweigen gebracht werden. Das Ergebnis endet für die Organisation in einem Fiasko, da die Staatsanwaltschaft in München den Spieß umdreht. Die Einstellungsverfügung der Strafanzeige liest sich wie eine Anklageschrift an die Organisation. Auch hier wird belegt, wie Menschen ausgespitzelt wurden und wie skrupellos die Verantwortlichen der Organisation vorgingen. Die aus den beschlagnahmten Unterlagen von Scientology möglichen abgeleiteten Vorwürfe ähneln dann auch wieder sehr den bereits von Interpol genannten: Verdacht des Betruges, der Nötigung und des Wuchers, des Verstoßes gegen das Heilmittel- und Heilpraktikergesetz. Auch die Finanzen haben anscheinend die Münchner Behörden beschäftigt, es gab einen Haftbefehl gegen einen der führenden Personen, der allerdings entzog sich dem und entschwand in die Schweiz. In beiden Fällen wurden die Ermittlungsverfahren gegen die Scientologen letztlich eingestellt.

Juristische Niederlagen der Organisation, verbunden mit Einschätzungen über die Vorgehensweise finden in der Außendarstellung natürlich nicht statt. Dabei sind diese häufiger, als es den Bossen in den USA lieb sein kann. Aber Scientology profitiert wohl auch vom »kurzen Gedächtnis« der Öffentlichkeit und der öffentlichen Auseinandersetzung. Auch auf der anderen Seite des großen Teiches, dieses Mal in Kanada, kam es Ende der 90er Jahre zu einem Urteil gegen die Gesamtorganisation. Sie wurde zu einer Geldstrafe von 250.000 Dollar verurteilt und eines der Scientology-Mitglieder zu einer Geldstrafe von 5.000 Dollar. Die Grundlage der Verurteilung, die auch durch die Revision in Kanada bestätigt wurde, legte ähnliche Vorgehensweisen offen, wie sie bereits in den USA festgestellt wurden und zu den Gefängnisstrafen der Verantwortlichen für das Guardian Office geführt hatten. Das Gericht stellte nämlich fest, dass sich auf Veranlassung der Organisation Mitglieder gezielt bei der Polizei und dem Justizministerium in der Provinz Ontario beworben und nach ihrer Einstellung unter Verstoß gegen den Amtseid Kopien vertraulicher Unterlagen entwendet und der Scientology-Organisation zugespielt hatten. Interessanterweise zeichnete in Kanada für die Revision noch das Guardian Office verantwortlich, das zu diesem Zeitpunkt angeblich formal nicht mehr existierte. Das Gericht in Kanada machte in seinem Urteil dann sehr deutlich, dass die Abteilung des Guardian Office, unter deren Aufsicht die Aktion gelaufen ist, keine unabhängige Einrichtung ist, sondern zum Gesamtsystem gehört.

Fast zeitgleich wurde ein ehemaliger Leiter einer Scientology-Einheit in Lyon in Frankreich verurteilt. Die Vorwürfe lauteten fahrlässige Tötung und Betrug. Neben dem Leiter wurden weitere 14 Scientologen verurteilt. Die Strafen wurden zwar zur Bewährung ausgesetzt, aber auch in diesem Verfahren wurde dokumentiert, dass für Fehlverhalten von Mitgliedern eine Verantwortung des Systems herangezogen werden kann. In seinem Urteil stellt das Landgericht unter anderem Folgendes fest:

Daher sind die irreführende Werbung, die den Ansatzpunkt für das Aufsuchen des Zentrums durch den Neuling darstellt, und das zu Beginn genährte Unwissen des Neulings hinsichtlich der Bedeutung der Ausdrücke »Dianetik-Zentrum« oder sogar »Scientology-Kirche«, ebenso wie die eingesetzten Methoden des Kundenfangs und die Praxis des Auditing, die Reinigungs-Kuren und die als Mittel zum »Verpfeifen« eingesetzten Bekenntnisse, sowie die Ethik-Berichte, also all diese Methoden, die dazu bestimmt sind, Geld wegzunehmen und den Neuling gleichzeitig seiner freien Entscheidungsfähigkeit zu berauben,

jeweils als betrügerische Machenschaften anzusehen, die dazu
bestimmt sind, ihn zu hintergehen.

(Homepage der Bayrischen Staatsregierung:
http://www.innenministerium.bayern.de)

Auch das alte Griechenland hatte seine Last mit der Organisation. Auch hier natürlich gerichtliche Verfahren. Im Gegensatz zu anderen Ländern zogen die Athener Gerichte allerdings weitergehende Konsequenz als in anderen Ländern.
Die Auflösung der Athener Scientology-Niederlassung Ende
1996 wurde in 1997 von der nächsten Instanz bestätigt. Die
grundsätzliche Bewertung fiel vernichtend aus:

Aufgrund dessen, und als völlig logische Notwendigkeit, die die
Möglichkeit jeder anderen Version ausschließt, wurde vollständig
erwiesen, dass der Berufungsgegner (Scientology, d. Verf.) eine
Vereinigung mit totalitären Strukturen und Tendenzen ist, die
den Menschen im Grunde verachtet, wobei sie oberflächlich frei
handelt, lediglich mit dem Ziel, Mitglieder zu rekrutieren, die in der
Folge der Gehirnwäsche unterzogen werden, mit allen vorgenannten Verfahren und Theorien und dem Ziel der Gedankenkontrolle,
aber auch zum Brechen des Widerstandes (Grundlegende Position
des Gründers der Scientology), so dass wir es schließlich mit wil-
lenlosen Kreaturen zu tun haben, die ihre Entscheidungsfähigkeit
auf Grund des freien Willens verloren haben, nachdem sie die
Stadien der Lehren der Scientology durchlaufen haben.

(Homepage der Bayrischen Staatsregierung:
http://www.innenministerium.bayern.de)

Schon diese Auswahl unterschiedlicher Gerichte in unterschiedlichen Ländern zeigt, dass sich alle mit denselben Vorgehensweisen befassen. Von Abhängigkeit der Mitglieder von der Organisation bis zum totalitären Charakter des Gesamtsystems ist alles vertreten.

Ungeachtet dessen ist die Organisation unbeirrt ihren Weg weitergegangen. Vor allem auch Osteuropa lag im Blickpunkt in den 90er Jahren. Am besten belegt wurde die Strategie durch die Offenlegung von Materialien, die ein Aussteiger der Öffentlichkeit zur Verfügung stellte, am Beispiel Albaniens. Von Deutschland aus wurde das Projekt »Bulgravia« (ein Hubbard-Kunstwort zur Bezeichnung eines scientologisch funktionierenden Landes oder einer Region) in Angriff genommen. Die Pläne sahen vom Aufbau von Presseorganen bis zur Einflussnahme auf die Regierung alles vor, was sich Hubbard unter seinem Konzept wohl vorgestellt haben mag. Vereinnahmt in diese Pläne wurden auch deutsche Anwaltskanzleien und sogar das deutsche Konsulat in der Hauptstadt Tirana. Nachdem die deutschen Medien den Albanien-Feldzug deutscher Scientologen aufdeckten, befasste sich auch das Medium der deutsch-albanischen Freundschaftsgesellschaft mit den Ansprüchen der Thetanen. Im entsprechenden Artikel kommt die Besorgnis zum Ausdruck, aber auch die klare Formulierung der Zielrichtung der Scientologen:

Das Ziel: Das erste wirklich freie Land auf diesem Planeten ohne Krieg, Wahnsinn und Kriminalität ... oder mit anderen Worten von Report: Scientology will Albanien systematisch unterwandern, um es zum ersten scientologischen Staat der Erde zu machen.

(»Albanische Hefte«, 4/93, S. 18)

Mit der Offenlegung der albanischen Pläne war in dieser Deutlichkeit der politische Machtanspruch selten dokumentiert. Auch die zu rekrutierenden aktiven Scientologen, die namentlich seinerzeit in einer Liste aufgeführt waren, machte unmissverständlich deutlich, dass auf alle diejenigen in Deutschland zurückgegriffen werden sollte, die in der Lage sind, in bestimmten Bereichen tätig zu werden. Als Religion trat man nicht auf, die Umsetzung lag mit Schwerpunkt auf Mitgliedern des Wirtschaftsdachverbandes WISE.

Die politischen Ansprüche der Organisation spielten vor den Gerichten bisher eine untergeordnete Rolle. Dieses änderte sich dann allerdings schlagartig, als in der Bundesrepublik Deutschland neben den schon immer diskutierten Problemfeldern mit der Organisation die Ständige Konferenz der Innenminister und Senatoren des Bundes und der Länder im Jahr 1997 auf der Grundlage eines Berichtes (den eine Arbeitsgruppe von Vertretern von Landesämtern für den Verfassungsschutz erarbeitet hatte), zu dem Ergebnis kam, dass es sich bei der Organisation Scientology um eine neue Form des politischen Extremismus handelte und daher die gesetzlichen Voraussetzungen für die Beobachtung durch die Verfassungsschutzämter eröffnet sei. Die Organisation klagte allerdings nicht in den Bundesländern, in denen sie wohl davon ausging, dass die Erkenntnisse über Lehre und Aktivitäten besonders hoch ist, sondern suchte sich neben zwei Bundesländern, Saarland und Berlin, das Bundesamt für Verfassungsschutz als juristischen Gegner aus. In dem Verfahren vor den Berliner Verwaltungsgerichten konnten sie immerhin einen Teilerfolg verbuchen, die

Beobachtung mit nachrichtendienstlichen Mitteln hielten die Gerichte auf der Grundlage der Berliner Gesetzeslage für nicht angemessen. Entgegen der von der Organisation in der Außendarstellung immer wiederkehrenden Behauptung, die Berliner Verwaltungsgerichte hätten grundsätzlich die Beobachtung untersagt, ist allerdings im Urteil nichts zu lesen.

Die Auseinandersetzung mit dem Bundesamt für Verfassungsschutz ist in der ersten Instanz gegen die Organisation ausgegangen. Die Begründung der Abweisung der Klage bestätigt die gewonnenen Erkenntnisse in vollem Umfang. Die Beobachtung auch mit nachrichtendienstlichen Mitteln des Bundesamtes für Verfassungsschutz sei rechtmäßig, da es tatsächliche Anhaltspunkte gibt, dass die Organisation Bestrebungen gegen die freiheitlich demokratische Grundordnung der Bundesrepublik Deutschland verfolge. Insbesondere, führt das Gericht aus, richten sich die Bestrebungen gegen die Menschenrechte, das Recht des Volkes, die Staatsgewalt in Wahlen und Abstimmungen zu bestimmen. Auch die Zweite Instanz in diesem Verfahren, das Oberverwaltungsgericht Münster, kommt in seinem Urteil vom 12.2.2008 zur gleichen Aussage. In einer umfänglichen Urteilsbegründung wird auch hier die Notwendigkeit der Beobachtung mit nachrichtendienstlichen Mitteln bestätigt:

Ausgehend von dem vorgenannten Normverständnis liegen auch tatsächliche Anhaltspunkte dafür vor, dass die Kläger (die Scientology Organisation, d. Verf.) aktiv bestrebt sind, in Deutschland die von Scientology publizierte Rechts- und Gesellschaftsordnung zu etablieren. Es gibt aktuelle Erkenntnisse über Aktivitäten der Kläger, das scientologische Programm in Deutschland umzusetzen und zu diesem Zweck personell zu expandieren sowie scientologische Prinzipien in Staat und Gesellschaft mehr und mehr zu verbreiten.

(S. 52 der Urteilsbegründung)

Dieses Urteil ist rechtskräftig.

Trotz deutlicher Urteile auch in anderen Ländern wie den USA, Kanada, Frankreich oder Griechenland hat sich an den vorgegebenen Zielen der Organisation nichts geändert. Und auch die Mitglieder weltweit funktionieren nach wie vor mental programmiert im System.

Die von Tom Cruise stark begleitete Europakampagne wurde euphorisch in Belgiens Hauptstadt 2006 gefeiert. Die belgische Presse berichtet alarmiert:

Scientologen, aus Belgien, Frankreich, Deutschland, Holland, Luxemburg und der Schweiz angereist, drängen sich durch die Türen des Hotels ... Sie warten ungeduldig auf die verschiedenen Reden der Helden des heutigen Tages, der europäischen Führungskräfte der Scientology. In Kürze wird der neue Expansionsplan der Kirche auf dem alten Kontinent der Masse bekannt gegeben. Endlich tritt ein Mann ans Rednerpult, neigt sich zum Mikrofon und verkündet auf Englisch, mit einer kräftigen und überzeugenden Stimme »Wir sind im Krieg«! Die Marschroute ist vorgegeben, und es handelt sich nicht um einen schlechten Scherz.

(»Le Soir«, 17.5.2006)

Da kann man der Berichterstattung nur Recht geben. Scherze machen die Scientologen eher selten. Die Kriegserklärung ist ernst gemeint und sie sollte auch von allen ernst genommen werden. Von Politik, Kultur und vor allem von all denen, die sich bisher haben täuschen lassen von der Strategie des Gründers Hubbard, als religiöse Engelchen daherzukommen und unter diesem Deckmantel den Versuch zu machen, ein menschenverachtendes politisches System überall da einzuführen, wo kein Widerstand erwächst.

Literaturverzeichnis

»Albanische Hefte«, 4/93, S. 18.

Arendt, Hannah: »Elemente und Ursprünge totaler Herrschaft«. Frankfurt/Main, 1955.

Bayerisches Staatsministerium des Innern: »Der Verfassungsschutz informiert«. München, 1998.

Caberta, Ursula; Träger, Gunther: »Scientology greift an«. Düsseldorf, 1997.

Christ, Angelika; Goldner, Steven: »Scientology im Management«. Düsseldorf, 1996.

Drader, Don: »What is WISE?«, 1997.

Freie und Hansestadt Hamburg (Hrsg.): »Mitteilung des Senates an die Bürgerschaft der Freien und Hansestadt Hamburg«. Drucksache 15/4059, 26.9.1995.

Haack, Friedrich-Wilhelm: »Scientology. Magie des 20. Jahrhunderts«. München, 1991.

»Hamburger Abendblatt«, 25.7.1992.

Handl, Wilfried: »Scientology Wahn und Wirklichkeit«. Wien, 2005.

Herrmann, Jörg: »Mission mit allen Mitteln. Der Scientology-Konzern auf Seelenfang.« Reinbek, 1992.

Hubbard, L. Ron: »HCO PL. New Testing Promotion Section«. 28.10.1960.

Hubbard, L. Ron: »Dianetics and Scientology Technical Dictionary«. Los Angeles, 1975.

Hubbard, L. Ron: »Scientology. Die Grundlagen des Denkens«. Kopenhagen, 1981.

Hubbard, L. Ron: »Das Handbuch für den Ehrenamtlichen Geistlichen«. Kopenhagen, 1983.

Hubbard, L. Ron: »Dianetik. Die moderne Wissenschaft der geistigen Gesundheit«. Kopenhagen, 1984.

Hubbard, L. Ron: »Die Reinigungs-Rundown-Serie«. Kopenhagen, 1986.

Hubbard, L. Ron: »PTS/SP-Kurs«. Kopenhagen, 1989.

Hubbard, L. Ron: »HCO Bulletin« 23.1.1974, bearbeitet am 25.4.1991.

FO 2361, – Abk. CC

Jaschke, Hans-Gerd: »Fundamentalismus in Deutschland. Gottesreiter und politische Extremisten bedrohen die Gesellschaft«. Hamburg, 1998.

Kent, Stephen A.: »Gehirnwäsche im Rehabilitation Project Force (RPF)«. Hamburg, 2000.

Kruchem, Thomas: »Staatsfeind Scientology?«. München, 1999.

Küfner, Heinrich; Nedopil, Norbert; Schöch, Heinz: »Gesundheitliche und rechtliche Risiken bei Scientology«. Lengerich, 2002.

KVPM (Kommission für Verstöße der Psychiatrie gegen Menschenrechte): »Psychiatrie betrügt Kinder und setzt sie unter Drogen«. Stuttgart, 2000.

Landesamt für Verfassungsschutz Baden-Württemberg (Hrsg.): »Die Scientology Organisation (SO)«. Stuttgart, 2003.

Landesamt für Verfassungsschutz Baden-Württemberg (Hrsg.): »Der Kampf der Scientology-Organisation um die Anerkennung der Gemeinnützigkeit in den USA und seine Auswirkungen auf Deutschland«. Stuttgart, 2004.

»Le Soir«, 17.5.2006.

Minhoff, Christoph; Müller, Martina: »Scientology. Irrgarten der Illusionen«. Berlin, 1998.

Ministerium für Kultur, Jugend, Familie und Frauen, Rheinland-Pfalz: »Scientology in der Wirtschaft«. Mainz, 1995.

Miscavige, David: »Besondere Botschaft an alle Scientologen vom Vorsitzenden des Religious Technology Center«. 11. September 2001.

Müller-Enbergs, Helmut (Hrsg.): »Inoffizielle Mitarbeiter des Ministeriums für Staatssicherheit. Richtlinien und Durchführungsbestimmungen«. Berlin, 2001.

New Era Publications International (Hrsg.): »Was ist Scientology?«. Kopenhagen, 1998.

Oberlandesgericht München 1 U 1273/81, Urteil vom 28.1.1982.

Office of Special Affairs: INT ED 570, 07.02.1989.

Potthoff, Norbert; Kemming, Sabine: »Scientology-Schicksale. Eine Organisation wird zum sozialen Störfall«. Bergisch-Gladbach, 1998.

Schneider, Karl-H.: »Der kosten-, aber nicht folgenlose Scientology-Test«. München, 1991.

Scientology Kirche Bayern e.V.: »Ursprung. Zeitschrift der Sciento-logy-Kirche Bayern e.V.«. München, 2005.

Sendeprotokoll: »Tod eines Scientologen«, 11.3.1998.

»Süddeutsche Zeitung«, 21.4.1997, Nr. 91, S. 3.

Süss, Sonja: »Politisch missbraucht, Psychiatrie und Staatssicherheit in der DDR«. Berlin, 2000.

Verwaltungsgericht Köln 20K 1882/03, Urteil vom 11.11.2004.

Voltz, Tom: »Scientology und (k)ein Ende«. Düsseldorf, 1995.

»Die WELT«, 30.6.1995.

Internetquellen

http://www.agpf.de/Kinder.htm
http://www.ingo-heinemann.de/Scientology-Kinder.htm
http://www.ingo-heinemann.de
http://www.innenministerium.bayern.de

Berührende Einblicke in gestohlene Kindheiten

Kontrolliert, drangsaliert, abgeschottet – wie leben Kinder in der Psychoorganisation Scientology? Ursula Caberta gibt berührende Einblicke in gestohlene Kindheiten. Ein Buch für alle, die Kinder haben oder mit Kindern arbeiten.

Ursula Caberta
KINDHEIT BEI SCIENTOLOGY
160 Seiten / Klappenbroschur
ISBN 978-3-579-06981-4

GÜTERSLOHER VERLAGSHAUS

www.gtvh.de

GOLDMANN

Einen Überblick über unser lieferbares Programm
sowie weitere Informationen zu unseren Titeln und
Autoren finden Sie im Internet unter:

www.goldmann-verlag.de

Monat für Monat interessante und fesselnde
Taschenbuch-Bestseller

Literatur deutschsprachiger und internationaler Autoren

∞

Unterhaltung, Kriminalromane, Thriller,
Historische Romane und Fantasy-Literatur

∞

Klassiker mit Anmerkungen, Anthologien
und Lesebücher

∞

Aktuelle Sachbücher und Ratgeber

∞

Bücher zu Politik, Gesellschaft, Naturwissenschaft
und Umwelt

∞

Alles aus den Bereichen Esoterik, ganzheitliches Heilen
und Psychologie

Die ganze Welt des Taschenbuchs

Goldmann Verlag • Neumarkter Straße 28 • 81673 München

GOLDMANN